GOODBYE POUTINE

Du KGB aux Crimes de guerre

Collection « Pensée sans frontières »

33, boulevard Arago
75013 Paris
www.ginkgo-editeur.fr

Photo de couverture : Cyrille Clément Themultilayeredeuropean.

ISBN : 978-2-84679-520-3

Ouvrage collectif sous la direction éditoriale d'Hélène Blanc

GOODBYE POUTINE

Du KGB aux Crimes de guerre

GINKGOéditeur

À ma famille.

À la Moldave Renata LESNIK, ma consœur et amie.
Dissidente ex-Soviétique, Femme d'honneur, combattante de la liberté contre tous les totalitarismes et toutes les dictatures.

À ma grande amie, Nathalie PASTERNAK, autre femme d'honneur et de conviction, combattante de la liberté pour l'Ukraine... Elle fut longtemps la voix de la communauté ukrainienne de France et de l'Ukraine de ses ancêtres.

À Geneviève, Eta, Reynald et Pascal.

À Elsa, Lady et Kali...

En forme d'hommage

Chaque année, dans le monde, des civils meurent, victimes du despotisme, de la barbarie ou de l'aveuglement des Hommes.

Ce document, élaboré en état d'urgence, est dédié à tous ceux qui risquent leur vie pour la Liberté.

À commencer par l'admirable peuple ukrainien, digne descendant des cosaques, ces hommes libres.

Liste des co-auteurs

Guillaume **Ancel**, lieutenant-colonel, géopolitologue
Antoine **Arjakovsky**, historien
Alain **Besançon** de l'Institut, historien
Hélène **Blanc**, politologue-criminologue, expert du monde slave
Andriy **Boborykine**, journaliste
Henry **Bogdan**, historien
Jacques **Chevchenko**, historien
Cyrille **Clément**, observateur du monde slave
Brice **Couturier**, journaliste
Nicolas **Cuzin**, historien
Emmanuel **Dupuy**, directeur de l'IPSE, enseignant
Gilles **Dutertre**, lieutenant-colonel (e.r), historien
Anna **Jaillard**, journaliste
Wladimir **Kozyk**, historien
Vytautas **Landsbergis**, ancien président de la Lituanie indépendante
Philippe **de Lara**, géopolitologue, philosophe
Iaroslav **Lebedynsky**, historien, enseignant à l'Inalco
Renata **Lesnik**, dissidente soviétique moldave, politologue-criminologue, expert du monde slave
Alexandre **Melnik**, historien, géopolitologue, enseignant
Nikita **Petrov**, historien, de l'ONG Mémorial
Timothy **Snyder**, historien, écrivain, université de Yale
Nicolas **Tenzer**, enseignant à Sciences Po, Paris
Françoise **Thom**, historienne
Général Jérôme **Pellistrandi**, rédacteur en chef de RDN
Olivier **Vedrine**, géopolitologue, rédacteur en chef de *Russian Monitor*
Gérard **Vespierre**, géopolitologue
Thierry **Wolton**, écrivain, journaliste

Avant-propos

Première Partie

EUROPE- OCCIDENT- RUSSIE

Deuxième Partie
Le monde selon Vladimir Poutine

Troisième Partie
Le Monde ukrainien

Postface

(...) « Il n'est de Justice que dans la Vérité. Il n'est de Bonheur que dans la Justice.

(...) La Vérité est en marche et rien de l'arrêtera ! »

Emile Zola

« Nous sommes un peuple exceptionnel. Nous appartenons aux nations qui donnent l'impression de ne pas faire partie de l'Humanité et de n'exister que pour donner au monde quelque terrible leçon... »

Piotr Tchaadaev

Écrivain et philosophe russe (1794-1856)

« À force d'admirer Staline, nous risquons de revivre une période similaire... »

Ludmilla Alexéeva

Militante russe des Droits de l'Homme.

Avant-Propos

Perseverare Poutinicum

24 février 2023. Un an déjà que, sans déclaration de guerre, l'armée russe a envahi l'Ukraine pour « désukrainiser », « dénazifier » et surtout « désatanister » le président ukrainien, – « l'antéchrist », dixit le Patriarche Kyrill –, son gouvernement, la population et tout raser sous un déluge de bombes et de missiles. Pourquoi ?

L'une des causes invoquées serait la possible adhésion de l'Ukraine à l'OTAN. Pourtant, le dirigeant russe sait pertinemment que la question n'était aucunement d'actualité.

Vladimir Poutine cultivait ce sombre projet depuis des années. Enfin, persuadé de la division de l'Europe, de la faiblesse de l'OTAN et des liens distendus entre UE et USA, il s'est décidé à franchir le Rubicon. Ce Staline version *light* a ouvert la boîte de Pandore qu'il sera extrêmement difficile de refermer. Totalement radicalisé, muré dans une obsession paranoïaque, aveugle, Poutine le Soviétique se venge de toutes les frustrations, des humiliations, des affronts qu'il a crus, à tort ou à raison, dirigés contre la Russie et d'abord contre sa personne...

Il se venge en bloc de son enfance misérable, de sa petite taille, de ces belles étudiantes qui repoussaient en riant ses avances à l'université, de sa carrière médiocre au KGB qu'il a terminée avec le simple grade de lieutenant-colonel. Ses représailles à l'égard de l'Ukraine constituent-elles une revanche contre la Guerre froide perdue par l'Union soviétique ? Eh bien non puisque Poutine a déclaré en 2018 : « La Russie n'a pas perdu la Guerre froide puisque celle-ci n'est pas terminée » Significatif ! En revanche, Vladimir Poutine tire vengeance de la disparition de l'Empire russe, de l'implosion de l'URSS, des révolutions de couleur : celle des Roses en Géorgie, celles, victorieuses, du peuple ukrainien, la révolution Orange et l'Euromaïdan, (dues à l'ingérence de Vladimir Poutine dans les affaires intérieures de l'Ukraine). Sans oublier celle des Tulipes au Kirghizstan qui renversa le président Akaïev. Depuis, le dirigeant russe redoute par-dessus tout que le peuple russe ne soit contaminé par le virus de la démocratie.

Vladimir Poutine fait aussi payer à l'Ukraine les velléités d'indépendance de ces républiques ex-soviétiques et de l'ancien Bloc communiste qui ont adhéré à l'OTAN et à l'UE, s'évadant ainsi de la zone d'influence russe. Il venge l'intervention de l'Alliance atlantique au Kosovo. Il venge aussi la mort de son ami Khadafi. Il prend sa revanche sur les manipulations, les erreurs, les fautes des Américains, de l'OTAN et de l'Occident...

Il faut reconnaître que le Kremlin cultive avec brio l'art de se victimiser. Il prétend être isolé, encerclé, menacé (par qui ?), assiégé dans sa forteresse. Il affirme redouter des attaques ukrainiennes, occidentales ou otaniennes. Il a donc anticipé. Or, personne ne commettrait la folie d'attaquer une telle puissance nucléaire. Et la propagande poutinienne qui prétend que les Américains auraient promis aux Soviétiques de ne pas étendre l'OTAN vers l'Est, fut formellement démentie par Gorbatchev en personne, alors président de l'URSS. Jamais aucun accord écrit n'est venu confirmer cette prétendue « promesse » verbale.

Petites mises au point : l'historien Alain Besançon, de l'Institut, rappelle que la Russie ne possède pas de frontières naturelles. Elle peut donc déclencher, quand bon lui semble, une expansion territoriale tous azimuts. D'autre part, encercler ce territoire immense qui s'étend sur neuf fuseaux horaires, est manifestement impossible.

Muré dans son narcissisme blessé, dans sa vision paranoïaque, s'estimant propriétaire de l'Ukraine, Vladimir Poutine a donc décidé de la recoloniser, au mieux, de l'anéantir au pire. Sourd aux arguments rationnels, il veut une victoire à tout prix. Son auteur préféré du xxe siècle, Ivan Ilyine, ne préconise-t-il pas de « gouverner par la terreur » ? Stratégie favorite de Lénine et Staline.

À propos de Staline, Vladimir Poutine semble se croire revenu à la Seconde Guerre mondiale, au combat héroïque de l'URSS contre les nazis. Une victoire mythique qui, après Yalta, a sensiblement élargi l'espace soviétique, sa zone d'influence, accru la puissance de l'URSS et le prestige personnel de Joseph Staline. Qui sait ? Peut-être Poutine se rêve-t-il, au xxie siècle, en réincarnation de Staline, son idole ?

Depuis avril 2014, après l'annexion illégale de la république autonome de Crimée, non reconnue par l'Union européenne, le Kremlin a fait la guerre aux Ukrainiens par séparatistes interposés. En février 2022, s'imaginant encore au siècle des conquêtes territoriales, Vladimir Poutine s'est autorisé à violer, une fois de plus, le Droit international. En dépit des accords de Minsk, peu respectés – principalement destinés à faire accepter un maximum de concessions à l'Ukrainien Porochenko –, lancé dans une fuite en avant, le dirigeant russe s'entête contre toute raison. Son objectif n'a pas changé.

Peu à peu, la propagande russe devenue incroyablement agressive a repris le langage de la Guerre ou plutôt de la Paix froide: « Corrompu, faible, décadent, dépravé, l'Occident a perdu tout principe, toutes valeurs. » D'après Poutine, l'autocratie russe reste la seule à incarner les vraies valeurs ! Comment le croire quand on sait que ce pays, dont la population se voit privée de tous ses droits fondamentaux, dont les élites ont pactisé avec le « milieu mafieux », est en proie à une corruption colossale. Il est plus que temps de prendre conscience que Poutine est parti en croisade, en « Guerre sainte » contre l'Occident qualifié, tout récemment, « de repaire de nazis ». (*Des « nazis » qui haïssent tout ce qui est russe et refusent de se soumettre à Moscou.*)

En dépit de ses menaces verbales, presque personne ne voulait croire que Vladimir Poutine attaquerait l'Ukraine. Pas même beaucoup d'Ukrainiens. Et pourtant...

Pendant près de vingt ans, une poignée d'experts intègres a pourtant tenté d'alerter sur le danger Poutine. Tandis que les poutinolâtres, eux, s'ingéniaient, contre vents et marées, à nous faire prendre « des Russies pour des lanternes » non par idéalisme ou idéologie, mais par vénalité. Même en pleine guerre, certains s'obstinent encore alors qu'ils devraient faire profil bas. Surréaliste !

Depuis deux décennies, insidieusement, la Russie a semé la discorde, la division entre Européens au travers de relations bilatérales. Pour affaiblir l'Europe et mieux la phagocyter. Derrière Vladimir Poutine, se profile un vieux rêve: les dirigeants russes voudraient, à terme, dominer l'Europe. Partisan du multilatéralisme, Vladimir Poutine veut « libérer » les Européens des Américains pour instaurer un nouvel ordre mondial. Le sien !

Dominer l'Europe ? Contre toute attente, cette guerre sanglante prouve que, pour le moment, la Fédération de Russie n'en a pas les moyens. Confrontée au patriotisme ukrainien, la force armée russe n'apparaît plus comme la seconde du monde. Depuis l'automne 2022, sur le terrain, elle subit des échecs. Son comportement barbare, inhumain, qui ne respecte ni le droit international, ni les Conventions de Genève, ni les lois de la guerre, est indigne d'un pays civilisé. Une menace pour le monde libre.

Les politiques occidentales « d'apaisement » furent un échec. Les visées impérialistes du Kremlin sur l'Ukraine ont-elles enfin guéri la « cécité » des dirigeants occidentaux ? Peut-être. Mais pour combien de temps ?

À l'évidence, une fois la paix regagnée, il faudra inévitablement s'interroger sur l'avenir de la Russie et reconsidérer nos relations avec la Fédération de Russie. Celles-ci devront, désormais, être conçues en termes d'égalité et non de vassalité.

En temps de paix – à quel prix ! – la relation UE-Russie redeviendra-t-elle jamais « normale » ? Combien de temps faudra-t-il pour restaurer une toute relative forme de confiance.

Force est de constater que la Fédération de Russie gouvernée par le tchékiste Vladimir Poutine, devenu un criminel de guerre, n'est plus une alliée, ni même un partenaire. Plutôt un ennemi déclaré aux portes de l'Europe. À nous d'en anticiper, avec lucidité, les conséquences. À nous d'envisager l'après-Poutine. Mais tant que le KGB gouvernera la Russie, point de salut pour le reste du monde.

Alors, trêve de mystifications. Adieu, le mythe d'une « Russie démocratique », régime potemkine que les Russes eux-mêmes ont baptisé démocrature ou, pour le dire autrement : une dictature camouflée en démocratie, donc soluble dans la morale internationale.

Vladimir Poutine ? Ses discours anachroniques, sa rhétorique belliqueuse, son interprétation mensongère de l'Histoire pour légitimer des actions injustifiables, impardonnables, ses postures schizophrènes, sa vision paranoïaque du monde, son cynisme sans limites, prouvent qu'il a perdu tout contact avec le réel, entraînant son grand pays vers l'abîme.

Dans le Donbass, des combats décisifs font rage. Tout se terminera probablement autour de la Crimée, d'Odessa et de Sébastopol. Ce qui se joue actuellement c'est la paix de l'Europe. La liberté de l'Ukraine garantit aussi la nôtre. C'est pourquoi elle ne doit pas perdre cette guerre. Si elle la perdait, l'Europe se retrouverait alors en première ligne. Raison de plus pour aider les Ukrainiens et se placer du bon côté de l'Histoire...

Cette fois, le masque est tombé définitivement !

Goodbye Poutine !

Hélène Blanc
Criminologue, politologue,
spécialiste de la Russie et du monde slave.
Février 2023.

Première Partie

Europe- Occident- Russie

1. Choisir son camp à l'heure de vérité

En règle générale, l'être humain est davantage tourné vers son confort personnel que vers le sacrifice pour autrui. Or, il existe des circonstances exceptionnelles qui nous placent devant des choix existentiels. Primordiaux.

La guerre en Ukraine, déclenchée au mépris de la loi internationale par le régime criminel de Poutine, en est un : c'est l'heure de vérité. Qui dépasse largement les aspects militaires d'un affrontement entre deux pays. Qui en appelle à notre conscience.

Au fond, chacun de nous doit choisir entre le Mal qui prolifère et le Bien qui résiste. Il faut :

- soit continuer de végéter dans le cocon de notre train-train quotidien, tenter de sanctuariser nos « acquis sociaux » et protéger notre pouvoir d'achat.

- soit trouver la force de sacrifier une partie de notre confort et sortir d'une vision étriquée, égoïste, purement matérialiste pour découvrir l'horizon d'un monde meilleur.

Capituler. Ou résister.

Déposer les armes. Ou combattre.

Essayer de sauver notre peau, nous avouant à nous-mêmes notre propre lâcheté. Ou prendre des risques et conserver une forme d'honneur.

Abandonner l'Ukraine, un pays voisin, proche, doté d'une forte identité culturelle, ayant opté pour l'indépendance et la démocratie, c'est choisir la première option. À savoir, reconnaître la petitesse de notre esprit et, in fine, une déchéance morale certaine !

Poursuivre, renforcer notre combat aux côtés de l'Ukraine pour la conduire à la victoire contre la Russie de Poutine qui incarne l'ultranationalisme, l'arbitraire, la violence, la corruption et le vacuum juridique, c'est choisir la seconde option. C'est-à-dire donner un sens – noble – à notre vie et croire en ce qu'il y a de meilleur en l'humain, même quand il n'y croit plus lui-même.

Entendons-nous bien : il ne s'agit pas de quelques centimes d'augmentation à la pompe, mais de la liberté de vivre en démocratie que les Français perdraient en cas de victoire de Poutine.

Car Poutine ne s'arrêterait pas en Ukraine.

S'il remportait la victoire, au lieu de l'accalmie naïvement attendue par certains, le monde entier se transformerait en poudrière de sanglants affrontements sans fin.

En fait, le triomphe de Poutine serait synonyme de l'effondrement de la civilisation occidentale, née à Athènes au ve siècle avant J-C, et reposant sur le socle de valeurs intrinsèques : la liberté individuelle, la dignité humaine, le respect de la Loi. La chute de Kiev jetterait ces valeurs aux poubelles de l'Histoire. Et l'Occident, qui fut le phare de l'Humanité des siècles durant, en sortirait par la petite porte.

Deux perceptions de la vie

Au-delà du combat entre démocratie et autocratie, à travers la guerre en Ukraine nous assistons au choc de deux perceptions antinomiques, de la vie humaine. Et de deux civilisations opposées.

D'un côté, la vision de l'Homme qui naît pour vivre debout, libre, et choisir son destin.

De l'autre, la réduction de l'Homme à un rouage soumis au bon vouloir d'une machine étatique qui broie sa liberté et sa vie.

La première hypothèse présente l'espoir de percevoir l'Humanité dans sa dimension globale, indépendamment des différences qui séparent inéluctablement les humains : âge, couleur de peau, opinions politiques, religions, statuts sociaux, etc.

Cela se nomme l'universalisme.

La seconde hypothèse fait le constat, triste et amer, selon lequel l'Humanité serait à jamais compartimentée en nations et en ethnies, cloisonnées dans leurs identités immuables, condamnées à se confronter avec violence.

Cela se nomme le nationalisme. Voire l'ultranationalisme.

Voilà le véritable enjeu de ce qui se passe en Ukraine.

À chacun de nous de faire son choix. Choisir son camp. Maintenant. Sans attendre. Ce choix fondamental engagera notre existence et le sens de notre vie qui n'est qu'un court passage sur cette terre.

Alexandre Melnik,
professeur de géopolitique à ICN Business School.

Dernière parution :
Le monde nous appartient. La géopolitique, c'est la vie,
aux éditions « Connaissances et savoirs », 2019.

2. Entretien d'Hélène Blanc et Renata Lesnik avec Nikita Petrov

La Russie et l'UE

Ces dernières années, le Kremlin ne cesse de critiquer vertement l'Occident, l'Europe et surtout l'Union européenne.

Il suffit de parcourir la presse pro-gouvernementale russe, de se brancher sur les radios ou les chaînes de télévision totalement sous contrôle de l'État-KGB – donc sous influence – pour se rendre compte de la méfiance et de la haine désormais voués à l'Occident par les dirigeants et élites russes. La rhétorique officielle déverse à plaisir « sa » vision d'un Occident décadent, corrompu, dépravé, totalement pourri, ayant perdu tous repères et toutes valeurs. On se croirait au bon vieux temps de l'État-Parti soviétique, seule l'idéologie a changé. Désormais, il ne s'agit plus de communisme, mais de national-tchékisme s'appuyant sur le militarisme. Le Kremlin rabâche à plaisir son profond dégoût d'une Europe ignorante, naïve, corruptible, faible et vulnérable puisqu'elle ne possède pas d'armée.

En outre, l'UE s'est mise en état de double dépendance : politique et énergétique. Avoir réussi à soumettre l'Europe en douceur, sans recourir à la force, amuse follement Moscou. Sont-ils bêtes ces Européens… Ils n'ont rien vu venir ! Ou pas voulu voir. Ce qui revient au même.

Quant aux États-Unis, ils sont redevenus l'ennemi numéro un de la Fédération de Russie. Par ailleurs, l'anti-atlantisme de certains Européens est si inconditionnel qu'ils préfèrent se jeter dans les bras d'un dictateur russe plutôt que dans ceux d'un démocrate américain, même si aucune démocratie au monde ne peut prétendre à l'exemplarité.

À l'intérieur du pays, la réactivation, par Vladimir Poutine et son clan, d'un supranationalisme militant, agressif, exacerbé, a également ranimé les pires travers historiques de la société : antisémitisme, xénophobie, racisme, homophobie. Autre observation : qu'on le veuille ou pas, la société russe s'avère de plus en plus violente mais ce fait ne semble guère préoccuper les prédateurs du Kremlin.

L'historien Nikita Petrov, ancien vice-président de Mémorial, qui participe régulièrement à des colloques scientifiques en France, est l'un des rares Russes favorables à l'Union européenne.

— Nikita, certains, en France, ont lancé l'idée d'intégrer la Russie et l'Ukraine à l'Union européenne. Qu'en pensez-vous ?

« *Je trouve l'idée d'une Union de l'Europe plutôt bonne. Je ne sais pas si, pour exister, elle a réellement besoin d'une Constitution. Mais en matière de solidarité entre États-membres, de coordination sociale, politique, économique, une telle Union est indispensable. Et en matière de solidarité euro-atlantique contre le néo-totalitarisme russe, elle est vitale ! Sans l'Union, l'Europe n'est pas défendue. Après tout, ce qui la sauva autrefois face au Bloc de l'Est, c'est précisément son union ! Mais, aujourd'hui, la Russie n'a pas sa place au sein de l'UE... Et si des voix s'élèvent parfois pour ouvrir ce débat, – des voix évidemment téléguidées par Moscou –, à ma connaissance, la Russie ne demande rien de tel... »*

— Effectivement, la Russie ne l'a jamais demandé. D'aucuns s'en chargent à sa place. D'ailleurs, pourquoi rejoindrait-elle une Europe qu'elle stigmatise à longueur de temps ?

On constate que même les Russes favorables, dans le passé, à un éventuel partenariat Russie-UE préfèrent garder leurs distances. De plus, la guerre russo-ukrainienne a tout remis en question...

L'historien Jacques Chevchenko, quant à lui, se dit sidéré de constater que de pseudos « intellectuels français », probablement des idiots utiles mais présumés sérieux, puissent lancer l'idée d'une intégration de la Russie à l'UE.

Projet peu crédible en effet. Sauf si l'on projette de désunir sciemment l'Union européenne afin de mieux la soumettre. Ou de la faire disparaître...

En effet, si la Russie intégrait à long terme la Communauté européenne, elle la ferait exploser sous son poids, son immensité, la nature de son régime – le national-tchékisme –, sa population, ses ressources naturelles, mais surtout parce que les onze pays d'Europe centrale et orientale, réfugiés dans l'Union et l'OTAN pour fuir la menace et la zone d'influence russes, refuseraient tout net de retomber sous la coupe de Moscou. Ce serait le meilleur moyen de morceler « involontairement » l'Union européenne, ce qui réjouirait sans nul doute le Kremlin. (Diviser pour régner reste toujours aussi efficace.)

Sans compter que la Russie est loin de partager les principes et les valeurs qui fondent cette communauté depuis près de soixante-dix ans. Ce qui ne semble guère gêner certains dirigeants européens. Notamment, les responsables politiques des extrémismes français. Au contraire !

L'économiste Grigori Yavlinski, ancien leader du Parti réformateur libéral Yabloko, ne comprend pas l'attitude de ces politiques :

« *La majorité des responsables politiques européens pensent que les Russes ne sont pas prêts pour la démocratie, qu'il leur faut un État fort. Ils ne font rien pour contribuer à la naissance d'une société civile et ne veulent pas entendre les voix des journalistes, des experts et des chercheurs. Du temps de l'URSS, nous pensions que nous allions nous engager dans votre direction. Mais c'est vous qui avez commencé à devenir comme nous !* »

Nikita Petrov, lui, va plus loin :

« *Ce qui me navre c'est l'habileté avec laquelle la Russie parvient à semer la discorde entre l'Europe et les États-Unis. Jusqu'à Jacques Chirac, elle avait presque réussi à détruire la solidarité euro-atlantique. Avec Medvédev et Poutine, se réalise enfin le vieux rêve soviétique. Au risque de me répéter, je dois insister : en principe, les dirigeants russes ne recherchent pas la confrontation directe. Ils ne veulent pas la guerre (excepté au Caucase où, officiellement, ils sont censés combattre le terrorisme intégriste, ce qui n'est vrai qu'en partie car il s'agit d'abord d'une guerre coloniale, d'une guerre de reconquête – ou bien en Géorgie, en Syrie pour soutenir Assad). Leur obsession : reformer un semblant d'empire. Quel qu'en soit le coût. Fut-ce même au prix d'une ou plusieurs guerres. À long terme, ils veulent tout simplement dominer le monde. À commencer par l'Europe...* »

Autre chose: la Russie n'a pas de frontières naturelles. Elle peut donc déclencher n'importe quand une expansion territoriale tous azimuts. Ainsi, elle veut faire main basse sur le Pôle Nord. Le 2 août 2007, en effet, une mission plantait le drapeau russe au fond de l'océan Arctique. Il est vrai que le cercle polaire contient le quart des gisements mondiaux de pétrole (jusqu'à dix milliards de tonnes selon les experts) ainsi que d'énormes réserves de gaz et de diamants. De quoi donner l'envie, comme d'habitude, de mettre le monde devant le fait accompli.

Mais, début 2023, le Canada a fait valoir ses prétentions sur cette zone. Une pomme de discorde entre Canada et Russie ? Affaire à suivre car la Russie reste un État de force...

Pour conclure, la grande politologue russe Lilia Chevtsova déplore l'attitude irresponsable de l'UE qui n'a eu aucun scrupule à renforcer le régime russe :

« *L'Union européenne a adopté le « reset » en proposant à la Russie « un partenariat au nom de la modernisation » sans trop chercher à savoir ce que le Kremlin entendait par ce terme de « modernisation ». Les capitales occidentales n'ont eu et n'ont toujours aucune illusion sur ce qui se passe en Russie. Mais les dirigeants occidentaux sont arrivés à la conclusion erronée que la Russie ne représentait pas une menace. Donc, il fallait rechercher, avec le Kremlin, un compromis facilitant la réalisation des intérêts occidentaux. Et si ce compromis aidait le régime dictatorial, totalement corrompu de la Russie à survivre, tant pis. Ça passerait par pertes et profits...* »

Pour sa part, lors d'une interview récente, l'ancien chef de l'État lituanien, Vytautas Landsbergis, premier président élu au suffrage universel en 1990, compare l'évolution de l'Europe et de la Russie :

« La politique de « reset » adoptée par les États-Unis consistait à se rapprocher du Kremlin en renonçant à l'irriter avec des allusions « aux droits civiques et à des considérations démocratiques ». En dépit de ces concessions, la realpolitik américaine a échoué sur toute la ligne :

"La Russie et l'Europe ont pris de mauvaises directions. L'Europe, à la vision matérialiste et consumériste, soumise à la fausse religion du profit, de la croissance et du bien-être matériel, semble incapable de mesurer la dégradation de sa situation.

Ainsi, vit-elle en errant au milieu des décombres de son matérialisme.

Quant à la Russie, elle semble profondément enlisée dans le marais fatal de ses propres complexes, de ses peurs et de sa colère, ce qui l'empêche de se tourner vers un avenir meilleur. Tout au contraire, ce vaste et dangereux pays, soumis à un pouvoir satrapique, est retombé dans une nostalgie traditionnelle, le chaos et l'esprit de revanche. Il régresse manifestement.

Devenue totalement étrangère aux réalités ou à la mission positive de l'Homme et de l'État, la Russie n'a pas abandonné son ancienne mentalité de conquête et de domination du monde..." »

Hélène Blanc et Renata Lesnik

3. La kremlinophilie française : un mal incurable ?

La kremlinophilie française à droite et à gauche se fonde sur un substrat complexe mais extrêmement solide, ce que nous pouvons constater aujourd'hui. Les poutinolâtres français semblent aussi imperméables à la réalité que leur idole, dont ils épousent toutes les obsessions et à laquelle ils trouvent toutes les excuses. Ils avalent et régurgitent les plus énormes bobards de la propagande du Kremlin, sont prêts à croire que la Russie est menacée par l'OTAN, que l'Ukraine agresse la Russie, que « *la Crimée a toujours été russe* », que « *Poutine est démonisé* », que « *la Russie est un partenaire incontournable* ». C'est une croyance qui ressemble à celle qui cimente une secte autour de son gourou.

À la base, on trouve une russophilie sentimentale datant de l'alliance franco-russe, charriant divers clichés sur la spiritualité russe, l'âme russe prétendument mystérieuse, Dostoïevski (mal compris), Tolstoï (qui l'a lu ?), les ballets russes, etc. Les admirateurs français de la Russie ont intériorisé certains lieux communs slavophiles, notamment celui selon lequel le Russe, du fait de son âme mystique, est dispensé de se plier aux règles de la morale commune. La couche suivante de notre sédiment est l'antiaméricanisme, un sentiment fort répandu en France, qui s'explique par l'impact de la propagande communiste d'après-guerre, elle-même amplifiée par le souvenir de l'humiliation de la défaite de 1940 et de la position inconfortable des Français de Londres pendant la guerre. La propagande de Vichy contre les « Anglo-Saxons » a laissé des traces, d'autant plus qu'elle a immédiatement été reprise par la propagande communiste. Derrière cette thématique antiaméricaine il y a aussi la peur de la modernité et de la mondialisation, phénomène attribué aux États-Unis, alors qu'il est antérieur à l'existence même des États-Unis. En outre, la France se sent une proximité structurelle avec la Russie. Économiquement et politiquement, c'est un pays étatisé, avec des penchants centralisateurs jacobins et un fort tropisme antilibéral, dans lequel se rejoignent la droite et la gauche.

Quant à la séduction qu'exerce le régime de Poutine aujourd'hui, plusieurs causes convergent.

Nous laisserons de côté un élément très important, l'argent russe qui irrigue nos décideurs, nos médias, nos *think tanks*; qu'il nous suffise de rappeler à ce propos que Poutine s'est vanté auprès d'un ministre des Affaires étrangères européen que *la Russie pouvait acheter n'importe qui aux États-Unis et en Europe*. Nous laisserons aussi de côté la vanité française que les dirigeants du Kremlin exploitent avec un succès inchangé depuis le 18 décembre 1917, lorsque Trotski, alors commissaire du peuple aux Affaires étrangères, fit état de sa francophilie devant l'ambassadeur de France Joseph Noulens : il parla de « *son attachement envers la France, déclarant qu'il mettait notre peuple au-dessus de tous les autres* ».[1]

1 Joseph Noulens, *Mon ambassade en Russie soviétique*, Plon 1933, t.1, p. 174

Nous nous intéresserons aux facteurs politiques et psychologiques à l'origine de ce kremlino-tropisme.

Il y a, d'abord, une remise en cause de la démocratie et des élites. Le dégoût de la politique française porte nombre de Français à chercher des contre-modèles à l'étranger. Le climat actuel rappelle beaucoup celui des années 1930, lorsque le rejet du parlementarisme poussait les uns à s'enthousiasmer pour Staline, les autres pour Mussolini ou Hitler. Certains Français avaient l'impression d'être si mal gouvernés chez eux qu'ils s'imaginaient qu'ils se porteraient mieux sous une poigne étrangère. On a aujourd'hui en France la même nostalgie d'un « homme fort » que durant ces années lugubres. La propagande russe qui imprègne nos réseaux sociaux ne cesse de cultiver ce rejet des élites, des médias dits « *mainstream* », des institutions démocratiques, en promouvant une perception apocalyptique de la situation en France qui appellerait un homme providentiel, bien sûr aligné sur Moscou. Combien de fois n'entend-on pas, dans les transports, sur les marchés : « *La France est foutue* » ? Du coup, on rêve d'un leader charismatique qui sauvera la patrie. C'est ainsi que Jean-Marie Le Pen aime à afficher son admiration pour Poutine : « *Je pense que le président Poutine est une chance pour la paix du monde, c'est une chance que ce soit un homme équilibré, compétent, d'expérience et patriote qui soit à la tête de ce pays.* »[2] « *Il faudrait [en France] un homme d'État [comme Poutine] qui s'élève au-dessus des pâquerettes* », rêve tout haut le député Claude Goasguen[3]. Cet état d'esprit est particulièrement sensible depuis l'intervention russe en Syrie. Caroline Galactéros,

2 Interview sur Canal+. Émission du 02 Novembre 2015 : *Front National : L'Oeil De Moscou*

3 Figaro, 18/09/2015

actuellement la conseillère diplomatique de Zemmour, se livre dans une tribune du *Figaro* à un vibrant éloge des hommes à poigne tels Vladimir Poutine, Slobodan Milosevic ou Saddam Hussein qui « *tiennent pour indispensable la centralité de la décision et l'autorité sur leur "peuple" qu'ils [...] entendent guider vers un horizon de puissance et d'influence peut-être contestable mais au moins défini et clair. Pour eux, le collectif est plus que la somme des intérêts particuliers; il doit incarner quelque chose de plus grand que soi* »[4].

Autre catégorie tombant sous le charme du Kremlin: nos prétendus « réalistes », tel Hubert Védrine qui ne cesse de rêver à « *l'alliance de revers* » contre les États-Unis: « *L'hégémonisme américain: autre raison, en 1985, de retrouver, à l'est de l'Europe, un contrepoids, un partenaire fréquentable, fort et équilibrant.* »[5] Et Hubert Védrine accuse « *l'État profond* » américain d'« *avoir voulu garder la Russie comme ennemie après la guerre froide* », ce qui, soit dit en passant, n'est nullement le cas, nous n'en serions pas où nous en sommes aujourd'hui si les États-Unis avaient prêté une attention sérieuse à la Russie pendant les années 2000.

Mais c'est surtout la fascination pour la force qui est à la base du kremlino-tropisme de nos hommes politiques se réclamant du « réalisme ». Robert Musil a noté très justement: « *L'homme qui se pose en politicien réaliste ne tient pour réelles que les bassesses de l'homme, seules valeurs qui lui semblent sûres; il n'agit pas par conviction et ne table que sur la contrainte et la ruse.* » Les « réalistes », tout comme les dirigeants du Kremlin, sont persuadés qu'une politique cynique sera forcément plus efficace qu'une

4 Caroline Galactéros, « Poutine, Orban, Assad... Le chef, une espèce en voie de disparition », Figaro, 28/10/2015

5 H. Védrine, *Les mondes de François Mitterrand*, Fayard, 1996, p. 374

politique orientée vers la recherche de la justice et du bien. Cette philosophie peut déboucher sur des conséquences funestes. Georges Bernanos observe en août 1940 que l'invocation du « réalisme », cette « *toxine que l'esprit de dictature sécrète, pour les autres* »[6], sert à justifier la collaboration après la défaite de 1940.

Sous couleur de partir en guerre contre le « politiquement correct », contre la prétendue « pensée unique », la propagande du Kremlin favorise l'émergence d'un conformisme de l'anticonformisme, d'une « pensée unique » en miroir, où il est de règle de stigmatiser la mondialisation, l'hégémonisme américain, la bureaucratie de Bruxelles, la décadence des mœurs, l'islamisation, etc. C'est une propagande tous azimuts : à la droite elle présente la Russie comme la championne des « valeurs traditionnelles », de la « souveraineté » des États, de la « civilisation européenne », de la « protection des chrétiens d'Orient » ; vers la gauche elle recycle sans complexe le tiers-mondisme antieuropéen dont elle se sert au Mali pour discréditer la France. La vision manichéenne complotiste exportée de Moscou, amplifiée par les réseaux sociaux, est quasi irrésistible en notre époque d'inculture assumée et de paresse intellectuelle, quand la raison laisse place aux passions les plus primitives, la peur et la haine : il y a les méchants d'un côté, Américains, globalistes, multinationales, qui tirent les ficelles dans les coulisses, et les vaillants résistants derrière Poutine, dressés contre l'Amérique comme Astérix contre l'Empire romain. Cet univers de BD trouve beaucoup d'adeptes en France.

La propagande du Kremlin réussit de manière étonnante à faire communier dans les mêmes haines et

6 Georges Bernanos, *Le Chemin de la Croix-des-âmes, in : Scandale de la vérité*, Editions Robert Laffont, 2019, p. 563.

les mêmes phobies Français et Russes. Ainsi, la haine de l'Ukraine s'est étonnamment clonée des médias russes à la droite française. Il a suffi à la propagande russe de faire accroire que le Maïdan était un projet américain pour qu'une bonne partie de la droite française devienne ukrainophobe. On distingue une ukrainophobie « bon chic bon genre », fréquente dans les pages du ***Figaro***: « *Sans l'Ukraine, la Russie cesse d'être un Empire. Elle cesse d'être une menace pour l'hégémonie des États-Unis* » (Hadrien Desuin). « *Le parti pris pro-occidental a durablement coupé l'Ukraine de son environnement oriental tout en n'étant pas encore intégrée à son voisinage occidental. Au milieu du gué, le parti de Maïdan a fini isolé. Avant de couler... Deux ans après le départ de Victor Ianoukovitch, c'est une véritable Berezina. Tout ça pour ça ! [...] L'État ukrainien s'enfonce lentement mais sûrement. Les prêts garantis par le FMI et l'UE sont détournés. La faillite ukrainienne est quasi inéluctable...* » Et de rappeler que « *dans le sillage des faucons américains, beaucoup de pays européens se sont enthousiasmés pour la nouvelle révolution ukrainienne* » (Éléonore de Vulpillières). Thème également entonné par Nicolas Sarkozy, qui ne rougit pas de reprendre mot pour mot la ligne du Kremlin. À l'en croire, les États-Unis sont les seuls responsables du conflit ukrainien : « *La séparation entre l'Europe et la Russie est un drame. Que les Américains la souhaitent, c'est leur droit et c'est leur problème [...], mais nous ne voulons pas de la résurgence d'une Guerre froide entre l'Europe et la Russie.* »

Le général Jean-Bernard Pinatel justifie l'annexion de la Crimée en des termes que l'on ne cesse d'entendre dans la bouche du président russe : « *Poutine ne fait que répondre par un coup de force à un autre coup de force qui s'est produit en Ukraine avec la complicité des Européens et l'appui des États-Unis [...]. Comment pour Poutine ne pas réagir à cette provocation qui n'était pas la première.* »

Puis on a l'ukrainophobie hystérique charriée par les réseaux sociaux, celle exprimée par Éric Zemmour avec des accents à la Céline: « *La chimère d'une Ukraine unifiée ruinée mais portée à bout de bras par l'Europe a vécu. Son cadavre bouge encore mais plus pour longtemps* » (24 février 2015). En revanche, Zemmour se sent proche des habitants pro-russes du Donbass: « *Ils n'ont aucune envie de s'acoquiner avec une Europe occidentale qu'ils voient comme une terre décadente minée par le multiculturalisme, l'irréligion insolente et l'homosexualité militante.* » Les exemples cités remontent, pour la plupart, à l'époque de l'intervention russe en Syrie, mais il ne faut pas s'imaginer que la kremlinophilie ait beaucoup décru en France sous l'effet de l'escalade poutinienne. Le 21 janvier 2022, Ségolène Royal poste sur Twitter: « *Il nous faudrait un nv général de Gaulle qui se faisait respecter de nos amis américains en leur disant de retirer leurs troupes. La Russie n'a-t-elle pas droit au respect des accords sur la sécurité à ses frontières? Les sanctions économiques pénalisent bien + l'Europe.* »

Nous arrivons au dernier sédiment de notre substrat, le plus caché mais peut-être le plus agissant. Il s'agit de la « *gopnik culture* », comme l'appelle Cécile Vaissié[7], le soubassement voyou à l'origine de l'attirance pour la Russie poutinienne, qui séduit en Occident et surtout en France ceux qui sont fatigués de la civilisation et de

7 Cécile Vaissié, *Les réseaux du Kremlin en France*, Ed. Les petits matins, 2016.

ses contraintes. Car sous le discours de la défense des « valeurs traditionnelles » se cache l'anomie profonde du régime russe, dont la seule conviction est que l'on peut faire n'importe quoi si l'on est en position de force : mentir, tuer, insulter, humilier, dépouiller. Les dirigeants russes ignorent les interdits de la civilisation humaine et cela confère à la Russie une attraction trouble aux yeux de nombreux Occidentaux qu'une société trop policée empêche de s'encanailler.

La question de la kremlinophilie répandue dans les cercles politiques et maintenant sur les réseaux sociaux n'est nullement académique. Si nous nous trouvons dans la situation actuelle, lorsque Poutine et ses médias n'hésitent pas à menacer explicitement les pays de l'OTAN de frappes nucléaires préventives, c'est parce que des années durant nous n'avons pas prêté attention à la dérive du régime russe, ou parce que nos « *Putin-Versteher* » occidentaux trouvaient mille excuses au comportement de plus en plus inadmissible de Moscou, et se dépêchaient de passer l'éponge sur les écarts du Kremlin au nom du « *business as usual* ». Il aurait fallu réagir avec fermeté en 2008, après l'amputation de l'État géorgien. Au lieu de cela les États-Unis ont lancé le « *reset* » et la France s'est jetée dans une coopération dans le domaine de l'armement avec la Russie, allant jusqu'à lui vendre des porte-hélicoptères : un peu comme si, après Munich, la France avait accepté de moderniser la Wehrmacht ! Le Frankenstein armé jusqu'aux dents qui se dresse ces derniers mois contre nous à l'Est est né de notre laxisme et s'est fortifié de notre complaisance. Mais la leçon n'est toujours pas apprise en France. Il semble à peine croyable qu'aujourd'hui, comme en 2017, des quatre principaux candidats à l'élection présidentielle, trois se soient fait connaître par leurs positions pro-Kremlin.

Ce tropisme pro-russe contre vents et marées est l'un des symptômes des maux dont souffre la classe politique française : un effrayant mépris de l'expertise, l'aveuglement dû à l'esprit de parti, l'oubli du bien public, la lâcheté, et surtout une totale indifférence à l'éthique et à la vérité — bref, tout ce dont s'alimente la kremlinophilie.

Françoise THOM,
Maître de conférence émérite de
l'Université Paris-Sorbonne.

Avec l'aimable autorisation de *Desk Russie* que nous remercions.

Dernières parutions :

Comprendre le poutinisme, Desclée de Brouwer, 2018 ;

La marche à rebours, Sorbonne Université Presses, 2021 ;

Poutine ou l'obsession de la puissance, Litos, 2022.

4. Kaliningrad, un cheval de Troie dans l'UE

Le 2 juillet 2005, Vladimir Poutine célébrait les 750 ans de Kaliningrad avec Jacques Chirac et Gerhard Schröder, ce qui constituait en soi une réécriture de l'histoire. Mais qui connaît réellement l'histoire et la raison de l'anomalie géographique que constitue l'ex-Königsberg, aujourd'hui exclave russe sur les bords de la Baltique, entre la Pologne et la Lituanie ? Et quel peut être son avenir en marge de la destruction de l'Europe entreprise par le locataire du Kremlin ?

Des Prūsai aux Prussiens

Au XIIe siècle, les onze tribus baltes des Prūsai occupaient la côte nord-est de la Baltique entre la Vistule et le Niémen. Au sud, les Prūsai étaient au contact du duché de Mazovie, dont le duc, Conrad Ier, voulait soumettre les Baltes occidentaux païens. Il créa alors, en 1216, l'éphémère Ordre de Dobrzyń. Mais, devant l'échec de celui-ci, il invita en 1226 l'Ordre des Chevaliers Teutoniques à s'installer sur la basse Vistule et, en 1231, il les encouragea à pénétrer sur le territoire des *Prūsai*.

C'est le 20 septembre 1260 que commença le « grand soulèvement prussien » contre les Teutoniques, au cours duquel s'illustra le chef Herkus Mantas. Mais les *Prūsai* manquaient d'unité et de stratégie commune. Herkus Mantas fut tué en 1273, et l'échec du dernier soulèvement, en 1295, mit fin de facto à la croisade balte. La Prusse devint alors une terre de colonisation allemande, les terres agricoles étant généreusement distribuées aux colons en provenance du Saint Empire Romain Germanique. C'est à cette époque qu'apparut le terme « *Drang nach Osten* » (La poussée vers l'Est).

C'est en 1255 que fut fondée Königsberg (« la montagne du Roi »), en l'honneur du roi de Bohême Ottokar II. La ville devint la tête de pont de ce territoire teutonique, qui sera appelé en allemand Preussen. On assista donc au paradoxe par lequel les colonisateurs prirent le nom des colonisés !

Le déclin de l'État monastique des chevaliers Teutoniques commença avec la défaite de Tannenberg / Žalgiris du 15 juillet 1410 contre les armées du Royaume de Pologne et du Grand-duché de Lituanie. Par le traité de Cracovie du 8 avril 1525, le grand-maître Albert de Brandenbourg-Ansbach se convertit à la religion luthérienne et sécularisa l'État monastique. Celui-ci devint le duché héréditaire de Prusse, fief du royaume de Pologne, dont la capitale était Königsberg.

En 1700, lors des négociations destinées à former la Grande Alliance, le duc de Prusse, Frédéric III, obtint de l'empereur l'érection de son duché en royaume. Toutefois, il ne put pas, dans le Saint-Empire, être appelé « roi de Prusse », mais seulement « roi en Prusse » (jusqu'en 1772). Le Royaume en Prusse (1701 – 1772) puis le

Royaume de Prusse (1772 – 1918), intégré à l'Empire allemand en 1871, devint un État de rang européen sous le règne de Frédéric II (1740 – 1786).

À l'issue de la Première Guerre mondiale, la Prusse Orientale fut séparée en 1919 du reste de l'Allemagne par la création du corridor de Dantzig, donnant à la Pologne un accès à la mer. Le traité de Versailles l'amputa également du territoire de Memel que les Lituaniens annexèrent manu militari en janvier 1923, rebaptisant la ville Klaipéda. Jusqu'en 1945, la population de la province fut allemande, avec une minorité d'origine lituanienne, les *Lietuvininkai* (ou Lituaniens de Prusse).

1945-2022 : de l'URSS à la Fédération de Russie

La ville de Königsberg fut totalement détruite par les bombardements aériens anglo-américains d'août 1944. L'offensive soviétique de Prusse Orientale eut lieu, elle, de janvier à avril 1945, la bataille de Königsberg se déroulant du 6 au 9 avril 1945.

Lors de la Conférence de Téhéran (28 novembre-1er décembre 1943), l'un des points sur lesquels les Alliés s'accordèrent fut le démembrement de l'Allemagne. Staline réclama l'annexion de Königsberg, argumentant que l'URSS avait besoin d'un port libre de glace toute l'année. Churchill répondit que c'était une proposition intéressante et qu'il promettait de l'étudier. Roosevelt ne fit aucun commentaire, ce qui fut considéré comme une acceptation.

C'est à la Conférence de Moscou (9 au 19 octobre 1944), réunissant principalement Churchill et Staline, que les Britanniques durent accepter le principe d'un partage de l'Europe en zones d'influences entre les Alliés occidentaux et l'URSS, principe entériné à la Conférence de Yalta (4 au 11 février 1945). Les Alliés occidentaux n'exigèrent pas que Staline applique la démocratie et l'auto-détermination des peuples et le laissèrent imposer des dictatures d'obédience soviétique. Pour ces pays, la Seconde Guerre mondiale ne s'est pas achevée par une joyeuse libération en 1945, mais fut suivie de quarante-cinq ans d'occupation soviéto-russe. Le souvenir de leur partage par Staline et Hitler en 1939-1940, période historique jamais évoquée par Poutine pour qui la guerre a commencé en 1941, est un traumatisme resté très vif.

C'est finalement à la Conférence de Postdam (17 juillet-2 août 1945) que fut agréé le principe du transfert de Königsberg à l'Union soviétique, par le partage de la Prusse Orientale entre l'URSS et la Pologne.

Il semblerait que le territoire nouvellement acquis ait été proposé à plusieurs reprises à la RSS de Lituanie, en 1945, 1963 et 1987. Si la raison officielle initiale des refus lituaniens était que le territoire avait été dévasté par la guerre, la raison réelle semble être le peu d'appétence des Lituaniens pour accueillir un million de russophones dans un pays de moins de trois millions d'habitants. On ne peut que saluer leur prémonition quand on voit les problèmes que rencontrent, de nos jours, l'Estonie et la Lettonie avec leurs minorités russes.

D'ailleurs, en 2015, des sondages indiquèrent que la population s'identifiait principalement comme russe et, à l'élection présidentielle de 2018, elle vota à 76 % pour Vladimir Poutine (même si le scrutin, comme ailleurs en Russie, fut entaché de multiples irrégularités).

Le 12 septembre 1990, le Traité de Moscou (dit « 4+2 ») fixa le statut international de l'Allemagne unie. Il précisait notamment : « L'Allemagne unie n'a aucune revendication territoriale quelle qu'elle soit envers d'autres États et n'en formulera pas à l'avenir. » Le 14 novembre 1990 fut signé, à Varsovie, le Traité sur la frontière germano-polonaise qui fixait les limites de l'Allemagne réunifiée sur la ligne Oder-Neiße. L'Allemagne renonçait définitivement aux anciennes provinces situées à l'est de ces deux rivières, en particulier à la Prusse Orientale. Aux yeux de la loi internationale, l'URSS devenait alors la propriétaire légale du territoire de Königsberg. On soulignera qu'il s'agit bien de l'URSS, qui exista jusqu'au 26 décembre 1991, et non pas de la République Socialiste Fédérative Soviétique de Russie !

La Hongrie, la Pologne et la République Tchèque ont rejoint l'OTAN le 12 mars 1999. Le 29 mars 2004, ce fut le tour de sept autres États, dont les trois États baltes. L'oblast de Kaliningrad se retrouva donc coincée entre deux États membres de l'Alliance Atlantique, la Pologne et la Lituanie. La prétendue promesse de non-extension de l'OTAN vers l'est, qui aurait été faite par James Baker à Mikhaïl Gorbatchev, est devenue le *nec plus ultra* actuel de la propagande russe et de ses affidés occidentaux. Interrogé à ce sujet, Gorbatchev a nié cette désinformation avec la dernière énergie. En juillet 2015, Vladimir Poutine le reconnaissait lui-même face au réalisateur américain Oliver Stone : « *Rien n'avait été couché sur le papier. Ce fut une erreur de Gorbatchev. En politique, tout doit être écrit, même si une garantie sur papier est aussi souvent violée.* » Là, il parlait en connaissance de cause, lui qui a violé dès 2014 le Mémorandum de Budapest (5 décembre 1994) qui garantissait l'intégrité territoriale et la sécurité de l'Ukraine !

Aujourd'hui : un porte-avions russe dans l'Union Européenne

À l'heure actuelle, Kaliningrad est surtout une base militaire russe avec troupes au sol, aviation et marine, constituée de 15 000 à 25 000 militaires.

Les forces russes dans l'oblast de Kaliningrad

Kaliningrad est le quartier-général de la flotte russe de la Baltique, répartie entre les ports de Baltiïsk (ex-Pillau) dans l'oblast, et de Kronstadt en avant de Saint-Pétersbourg. C'est le seul port russe de la Baltique à ne pas être pris par les glaces en hiver, mais cet avantage est contrebalancé par les hauts fonds qui en limitent l'accès. Le port de Kaliningrad revêt toutefois une importance stratégique car il permet l'accès de la flotte russe à l'océan Atlantique, via les détroits danois.

Kaliningrad héberge également le 11e Corps d'Armée, reconstitué à partir du 1er avril 2016. Celui-ci comprend principalement la 18e Division de Fusiliers motorisés de la Garde (trois régiments de fusiliers motorisés et un régiment de chars T 72 B3), mais également une Brigade d'artillerie dotée de lance-roquettes multiples (BM-27 Uragan et BM-30 Smerch), et enfin, une Brigade d'Iskander. À partir du 1er juin 2021, les bataillons nouvellement formés avaient commencé à s'entraîner sur leurs matériels, BMP-2, BTR-82 A, chars T-72B3, canons

2S19 Msta-S et véhicules de soutien. En avril 2022, des Groupes tactiques de bataillons de la 18e Division ont été transférés aux frontières est de l'Ukraine.

Enfin, en février 2022, des MiG-31K, potentiellement armés de missiles hypersoniques Kh-47M2 Kinjal, ont été repérés sur l'aérodrome de Tchkalovsk. De quoi menacer la majeure partie des capitales européennes, puisque la portée annoncée du missile, pouvant porter une ogive conventionnelle ou nucléaire, serait de 2 000 km. Cette escalade, au moins dans la provocation, renforce indubitablement le rôle de porte-avion russe face à l'Occident.

Si le conflit en Ukraine devait s'étendre, les forces armées basées à Kaliningrad pourraient intervenir pour la défense aérienne avancée du territoire russe et la désactivation des infrastructures jugées menaçantes de l'OTAN comme, par exemple, le site de défense antimissiles basé en Pologne. Elles pourraient, en outre, fermer l'accès de la mer Baltique aux forces des pays membres de l'OTAN, la Russie y ayant déployé des capacités d'interdiction et de déni d'accès (A2/AD) reposant sur le système de défense aérienne S-400 et des batteries côtières équipées de missiles K-300 P Bastion et SS-N-3 Sepal. Kaliningrad hébergerait même des groupes de hackers capables de lancer une guerre de l'information, de procéder aux brouillages des communications ou aux sabotages de réseaux.

L'oblast de Kaliningrad participe, comme les autres, à l'effort de guerre russe en Ukraine, ce qui réduirait ses capacités de 25 à 50 %.

Les Etats baltes en danger ?

Le corridor ou trouée de Suwałki est une région large de 65 km à vol d'oiseau, la seule à relier les trois États baltes avec la Pologne, donc avec le reste de l'UE et de l'OTAN. Elle est limitée à l'ouest par l'oblast de Kaliningrad et, à l'est, par le voblast bélarusse de Hrodna (Grodno). Ce goulot d'étranglement pourrait devenir une cible privilégiée en cas de conflit armé entre la Russie et l'OTAN. Car c'est par ce corridor de Suwalki que l'Alliance Atlantique devrait transporter le matériel et le ravitaillement nécessaires à la défense des États baltes en cas de crise. Or, seules deux routes et une voie ferrée traversent la zone. Avec des moyens relativement limités, la Russie pourrait rapidement couper les Baltes du reste de l'Alliance, du moins par voie terrestre.

On peut envisager que Vladimir Poutine prolonge son actuel combat manichéen contre l'OTAN. Il n'a jamais fait mystère de son envie de « reprendre » des territoires et des pays qu'il considère sortis par erreur de l'influence russe. On sait également qu'il considère la chute de l'URSS comme « *la plus grande catastrophe géopolitique du XX*[e] *siècle* », et les États baltes – en particulier la Lituanie – sont régulièrement identifiés comme ayant joué un rôle prépondérant dans cette humiliation. Moscou ne reconnaît d'ailleurs pas l'occupation soviétique de l'après-guerre et nombre d'intellectuels russes s'obstinent à présenter la région balte comme étant « russe ». Une agression russe contre les États baltes irait donc dans le sens de ses déclarations antérieures, où il se disait déterminé à réunir tous les Russes sous la bannière de la « *Mère Russie* ». Le but premier serait de discréditer l'OTAN en prouvant son incapacité à défendre ses membres et de prouver que la Russie est une puissance militaire majeure.

Kaliningrad tient donc une place capitale dans la croisade lancée *in fine* par Vladimir Poutine contre une Europe unie, que ce soit au sein de l'UE ou de l'OTAN.

Gilles Dutertre
Le Lieutenant-colonel Gilles Dutertre a résidé pendant six ans en Lituanie et en Lettonie.
En 2017, il a participé en tant qu'expert civil à la formation des unités de l'Armée de Terre partant en Estonie dans le cadre de la présence avancée de l'OTAN.
Il est aujourd'hui Délégué Général adjoint du Souvenir Français pour la Lituanie.

Dernières parutions :

Les Français dans l'histoire de la Lituanie, L'Harmattan, 2009.

Les Enfants de la Garde Blanche, Ginkgo éditeur, 2022.

5. Sanctions : quel impact militaire ?

Avec l'invasion de la Crimée, en 2014, et son annexion après un référendum illégal, la communauté internationale et, en particulier, les Etats de la sphère occidentale, avaient pris une première série de sanctions économiques censées faire pression sur Vladimir Poutine. Sanctions destinées à ramener Moscou dans le « droit chemin ». Le paradoxe est que celles-ci et, en particulier, dans le domaine de l'agro-alimentaire, eurent l'effet inverse de l'objectif initial, en accélérant la modernisation de l'agriculture russe et en lui permettant non seulement de garantir l'autosuffisance pour la population mais aussi d'accroître les volumes destinés à l'exportation.

De fait, le régime des sanctions internationales est à manier avec précaution surtout lorsque celles-ci sont instrumentalisées par le régime incriminé, lui permettant de renforcer la fibre nationaliste en insistant sur le phénomène de « citadelle assiégée ». Ce qui est le cas de la rhétorique poutinienne depuis des années.

À partir du 24 février 2022, une aggravation progressive des sanctions

Le 24 février 2022, après une montée en tension voulue par Moscou, les forces armées russes envahissent l'Ukraine, ouvrant ainsi un chapitre inédit de la paix froide entre le Kremlin et l'Ouest. Passé le temps de la sidération, avec l'inquiétude légitime de la chute probable de Kiev – ce qui n'advint pas grâce à la défense acharnée des forces ukrainiennes –, très vite, le temps des sanctions est revenu, comportant une progressivité régulière dans la sévérité en fonction de l'intransigeance de Moscou. Celles-ci ont été de nature différente en fonction d'objectifs politiques et économiques spécifiques et sans être totalement suivies par tous les pays. Cependant, on peut en distinguer plusieurs comme la fermeture de l'espace aérien européen aux avions russes, obligeant dès lors à des voyages plus longs, plus coûteux et restreignant la liberté de circulation des Russes, celle-ci étant aussi contrainte par la suspension des visas.

Il y a eu, également, la saisie des biens immobiliers de certains oligarques – sans oublier la flotte de yachts luxueux – avec la complexité des supports juridiques et l'insertion de ces hommes d'affaires dans le système économique libéral. Au-delà de la dimension très médiatique, il y a eu la reconnaissance de l'implication russe dans certaines pratiques douteuses quant à l'accaparement des richesses et de l'économie du pays...

Autres types de sanctions dont la portée n'est pas négligeable, celles tournant autour du sport mais aussi de la culture, avec l'ambiguïté de sanctionner notamment dans le monde culturel des artistes peu enclins à soutenir le maître du Kremlin. À l'inverse, pour un sport comme le football, l'interdiction de participer aux compétitions internationales fragilise un secteur vecteur d'une certaine propagande au service du pays.

Les restrictions imposées aux exportations et aux importations portent également un coup sévère à l'économie du pays en la privant en particulier de technologies qui lui font défaut. En effet, la Russie, malgré son immense potentiel et ses ressources naturelles quasi illimitées, ne se situe qu'au 12e rang international pour le PIB avec une économie de rente basée sur l'exportation de ses matières premières dont les hydrocarbures, ses produits agricoles et, pour le reste, ses équipements militaires. À cela, il faut ajouter un vieillissement démographique inéluctable aggravant une productivité économique déjà faible.

Or, la question des sanctions sur les hydrocarbures est à double tranchant, tant la dépendance de l'Europe au gaz russe, très importante, accroissait la vulnérabilité des Etats face à une rupture accidentelle ou décidée des approvisionnements. Moscou l'a bien compris en pratiquant un chantage au gaz dont on voit déjà les conséquences, ne serait-ce qu'avec le quasi-arrêt des livraisons, la hausse vertigineuse des prix et les réactions des pays européens consommateurs. Au bout de huit mois de guerre, le narratif russe est d'ailleurs resté simple mais efficace en essayant de convaincre l'opinion publique européenne que les sanctions pénalisent davantage l'Union européenne et ses consommateurs. Narratif d'ailleurs repris par certains partis politiques de l'extrême droite en Europe demandant la fin des sanctions sous prétexte de « protéger » les citoyens.

Narratif également relayé par les réseaux sociaux pro-russes et les agents d'influence « amis » de la Russie, dont l'anti-américanisme primaire et l'anti-européisme sont tels qu'ils acceptent de cautionner toutes les actions de Moscou, au mépris des réalités constatées et documentées sur le terrain.

À ce jour, l'Union européenne a pris huit séries de sanctions accroissant de fait la pression sur Moscou.

Certes, il peut sembler au regard de l'opinion publique que celles-ci sont peu efficaces, voire inefficaces et contre-productives. Il est vrai qu'il est aussi difficile de voir concrètement la réalité de ces sanctions sur le terrain, tant l'accès à l'information est contrôlé par les autorités russes. De plus, l'économie résiste mieux que prévu avec une récession estimée à -3,4 % pour 2022, ce qui est décevant d'un point de vue occidental au regard des multiples sanctions accumulées depuis fin février. À cela se rajoute un taux de chômage demeuré faible, et qui diminuera encore avec l'impact de la mobilisation partielle de septembre, qui se traduit par une ponction de près de 300 000 hommes sur la main d'œuvre disponible et donc, par un déficit accru de compétences notamment dans l'industrie.

S'agissant de ce chiffre de -3,4 %, il faut cependant avoir une approche différenciée, plus à même d'analyser l'impact réel des sanctions.

Les sanctions et la défense russe

Et celles-ci sont au final très efficaces face au complexe militaro-industriel qui souffre désormais cruellement.

Celui-ci représentait environ 50 % de l'industrie manufacturière et 30 % des ressources humaines du secteur secondaire. C'est aussi le principal exportateur de biens manufacturés et, de ce fait, l'un des bras armés de la politique étrangère du Kremlin. La vente d'armes est d'ailleurs l'un des axes d'expansion datant de l'URSS, ayant permis de se constituer un réseau d'Etats clients, qui a subsisté malgré la chute de l'empire soviétique. Toutefois, la déliquescence de l'Union soviétique à la fin du XXe siècle s'est aussi traduite par les multiples défaillances du système militaire gangrené par la corruption et l'incompétence du commandement. La catastrophe du sous-marin Koursk, coulé le 12 août 2000, fut un véritable électrochoc pour Vladimir Poutine, conscient de l'extrême faiblesse de ses armées. Il décida alors une modernisation de grande ampleur censée rattraper les retards accumulés. Avec le paradoxe de bénéficier de l'appui occidental au moyen de coopérations industrielles et de mises à niveau impliquant de grandes entreprises européennes et israéliennes. L'exemple le plus spectaculaire fut la commande de deux Bâtiments de Projection et de Commandement du type Mistral passée à la France en 2010. La construction de ces navires a débuté en 2012 à Saint-Nazaire. La prise de la Crimée par Moscou provoqua l'annulation de cette vente très critiquée par nos partenaires de l'OTAN. Il n'en demeure pas moins que cet épisode a permis aux ingénieurs russes d'engranger des informations confidentielles très précieuses pour la conception de leurs navires de combat.

L'industrie de défense russe a donc bénéficié d'investissements colossaux décidés, après 2000, par Vladimir Poutine. Et les chaînes de fabrication ont pu reprendre des cadences non négligeables portées à la fois par les commandes nationales et les exportations de matériel à la bonne réputation car alliant rusticité et modernité grâce à l'introduction de systèmes numériques souvent de conception occidentale. Les écrans plats ont envahi les cockpits des avions de combat tandis que les chars de types T 80 et T 90 étaient exportés en Algérie ou en Inde, par exemple. Les appareils construits par Sukhoï et Mig ont également été largement exportés, offrant des prix plus compétitifs que les avions occidentaux du type F 16, F18 ou Rafale aux performances relativement plus élevées.

Pour la construction navale, le résultat fut plus mitigé hormis les ventes de sous-marins diesel-électrique Kilo à des pays comme l'Iran, le Vietnam ainsi que l'Algérie et l'Inde.

Second producteur mondial d'armes, Moscou a ainsi bénéficié de cette forme de « rente » de situation, lui permettant de moderniser ses propres forces armées.

Mais à partir de 2014, les sanctions occidentales ont commencé à fragiliser le complexe militaro-industriel en restreignant l'accès aux technologies occidentales, même si certaines « queues » de marché ont duré jusqu'en 2022. Toutefois, les Russes surent trouver des stratégies de contournement en se procurant des éléments comme les semi-conducteurs chez des fournisseurs asiatiques.

À partir du 24 février, il en a été autrement avec un durcissement de sanctions qui, huit mois après, révèle son efficacité. Il devient en effet de plus en plus difficile pour les industriels russes de continuer à produire les nouvelles générations d'armements. Faute de ces composants, les chaînes de production des missiles air-sol ou de chars tournent désormais au ralenti. Selon certaines constations faites sur des débris d'équipements trouvés en Ukraine, on retrouve des éléments électroniques issus de l'électroménager censés pallier le manque de pièces spécifiques. La fabrication de chars de type T 14 est à l'arrêt et les Russes ont reconditionné des chaînes de construction de blindés pour remettre en état leur stock de chars du type T 62 totalement obsolètes mais pouvant encore servir.

Les missiles de type Kalibr voient leur nombre diminuer à vue d'œil. Les délais de fabrication étant d'environ deux ans, à condition de disposer de tous les composants, ce qui n'est plus le cas. C'est l'une des raisons qui a poussé Moscou à s'adresser à l'Iran pour compenser ce déficit avec des drones suicides de type Shaed 136. Désormais, utilisés depuis début octobre pour viser des cibles fixes aux résultats pouvant sembler spectaculaires mais qui ne changent en rien le cours de la guerre.

Face à l'attribution des équipements militaires dont la consommation est effarante et à l'incapacité, pour l'industrie russe, de les remplacer dans des délais courts, Moscou ne peut réellement compter que sur la massification des troupes sur la ligne de front. D'où le recours à la mobilisation partielle pour combler les pertes et essayer de retrouver un rapport de force plus favorable face aux unités ukrainiennes. En attendant que les entreprises d'armements puissent à la fois réparer les milliers d'engins endommagés et essayer de produire des systèmes plus « low cost », moins sophistiqués, en vue, probablement, de relancer une offensive massive au printemps 2023.

Au grand dam des pro-Russes encore et toujours militants en Europe, les sanctions commencent à porter leurs fruits en désorganisant le fonctionnement de l'économie russe. Bien sûr, la résilience du peuple russe est une réalité et, pour les habitants des régions rurales, la guerre désignée comme « opération militaire spéciale » se traduit surtout par une ponction sur la population masculine sans grand impact sur le quotidien de la population.

En revanche, pour le complexe militaro-industriel, la situation est désormais beaucoup plus difficile avec une production réduite, une productivité en déclin et surtout une image de marque de plus en plus désastreuse. Quel pays étranger voudra acheter le matériel équipant une armée en très grande difficulté sur le terrain ?

Le flux généré par les exportations d'armes risque de se réduire très vite d'autant que Moscou est obligé de donner la priorité à ses propres forces dans les mois à venir.
Or, à ce risque réel de pertes de parts de marché s'ajoutera le désastre du modèle militaire soviéto-russe qui se révèle au grand jour à travers cette guerre de haute intensité qui ne devait durer que quelques jours.

Comme en 1914...

Général (2°S) **Jérôme Pellistrandi,**
rédacteur en chef de la Revue *Défense Nationale.*

6. France : infiltration tous azimuts

Quel que soit son sigle, l'éternel KGB utilise un arsenal de méthodes ciblées afin de phagocyter la France et l'Europe.

Outre l'entrisme via l'économie et la religion, les ex-Soviétiques, Russes en tête, pratiquent avec brio toutes les techniques d'infiltration : idéologique, scientifique, sportive, culturelle, associative, médiatique.

L'une d'elles consiste à créer de multiples structures à des fins bien précises ou à noyauter celles qui existent. On assiste ainsi à l'émergence de quantités d'officines sous forme de clubs franco-russes, d'associations (souvent reconnues d'utilité publique) de langue, civilisation, littératures russes, dont certaines administrées par des agents d'influence notoires ou directement financées par Moscou. Impossible de répertorier ici toutes les annexes douteuses du Kremlin camouflées derrière d'alléchantes vitrines, de séduisants sites internet, etc. Pour peu qu'elles proposent des voyages ou des séjours en Russie, cela leur donne toute latitude de « formater » au mieux les élites de demain grâce à des messages subliminaux.

On sait aussi que même des amicales destinées à regrouper les descendants des Russes blancs, par exemple, sont largement infiltrées par des éléments indésirables. Il est d'ailleurs assez facile de manipuler ces Français qui nourrissent un fort capital sympathie à l'égard de la Russie, chose parfaitement normale. Seulement, au dire des experts, les émigrations successives – surtout celles des troisième et quatrième vagues après la Seconde Guerre mondiale et celle des années 1970 à 1990 – ont permis d'introduire habilement de petits « chevaux de Troie » au sein d'une société française toujours aussi peu méfiante.

Épouser un ou une Russe est furieusement tendance. À tel point qu'une épidémie maritale a commencé à contaminer nos concitoyens: hauts fonctionnaires, banquiers, élus politiques, industriels... *Quid* de ces mariages mixtes qui permettent au conjoint russe de s'établir en France en bénéficiant de la nationalité française?

Dans de nombreux cas, il s'agit d'un mariage d'amour. Mais ces unions peuvent également relever du « service commandé ». Aujourd'hui, bien des jeunes Français ont épousé des Russes généralement sympathiques, chaleureuses, délurées. Souvent très belles, irradiant le fameux charme slave.

L'un d'eux qui, pour avoir longtemps travaillé en URSS connaissait bien les mœurs locales, m'interrogea un jour sur sa fiancée: « *Penses-tu que Marina, fille de général, pourrait travailler pour le KGB?* » Difficile de répondre à cette question délicate posée par un ami. A priori, rien n'est à exclure, mais il est évident qu'Eric n'en aura jamais la preuve. Pas plus que celle du contraire. S'il aimait vraiment Marina, il n'avait pas d'autre choix que de lui faire confiance. Ainsi, quoi qu'on en pense, en dépit de tout, un doute, aussi léger soit-il, peut subsister. Même interrogation d'un réalisateur franco-russe, tombé des nues après dix ans de mariage... en comprenant qu'il s'était fait manipuler. Il y a aussi ces ministres dont les enfants font de « beaux mariages ».

Après tout, même Kristina Onassis, fille du célèbre milliardaire grec, n'avait-elle pas épousé en son temps un Soviétique agent du KGB ? Union qui se termina par un scandale international et un divorce express. Et pourtant, Aristote Onassis, son père, avait dû prendre ses renseignements. Moralité : ça n'arrive pas qu'aux autres.

Autre chose : la France est une terre d'asile depuis des décennies. Hélas, elle accueille aussi de pseudo-journalistes, de vrais faux écrivains, de prétendus intellectuels ou diplomates, autant de métiers qui représentent de formidables couvertures. Ce qui ne semble pas effleurer la plupart des Français.

Des « experts » français, historiens, politologues, économistes, épousent également des Russes. Ce qui, curieusement, semble soudain « téléguider » leurs analyses. Du jour au lendemain, les voilà de fidèles supporters, ambassadeurs ou avocats de la politique étrangère du Kremlin. C'est encore plus flagrant aujourd'hui qu'hier. « Quoi qu'il fasse, Poutine agit toujours pour de bonnes raisons », affirment-ils sans sourciller. Un heureux hasard ? Que gagnent donc ces précieux auxiliaires du FSB (l'ex-KGB) à relayer de fausses informations habilement mêlées aux vraies, extrêmement difficiles à détecter si l'on n'est pas un fin spécialiste ? Croyez-vous qu'ils « se vendent » par idéalisme ou par militantisme ? Au temps de l'URSS, l'idéologie pouvait être un moteur de collaboration. Aujourd'hui, ces médiocres en quête de pouvoir, d'honneurs et de fortune, se font grassement payer. Ces « associés » du Kremlin sont généralement guidés non par un idéal, mais bien par l'ambition, le narcissisme et la vénalité. Cessons enfin d'être dupes !

Jusqu'à 2013, l'adoption de petits Russes par des étrangers en mal d'enfants, constituait un échange de bons procédés, voire de pressions amicales ou de chantages. Depuis que le mariage gay a été adopté en France, ce filon s'est tari. Il est bien connu que Vladimir Poutine « défend la morale » !

Dernière en date, et non des moindres, l'infiltration s'intensifie également via les élites, en particulier, le monde politique. De plus en plus de députés, de sénateurs, de ministres, anciens ou actuels, ou encore maires, épousent des Russes « de là-bas ». Mariages d'amour ? Possible. S'agirait-il, par la même occasion, d'influencer des décideurs, d'espionner, d'instrumentaliser ? Un risque très réel impossible à exclure. Il est d'autant plus urgent d'ouvrir les yeux que le processus gagne rapidement du terrain.

À preuve, François Bayrou, candidat aux Présidentielles françaises 2002, qui m'a confié qu'à cette époque des Russes inconnus lui avaient proposé, « par l'intermédiaire d'une personnalité française au-dessus de tout soupçon, de prendre en charge l'intégralité de ses frais de campagne ». Le message était parfaitement explicite :

« *Suivant votre parcours depuis longtemps, nous croyons en votre avenir politique. Et sommes prêts à vous financer...* »[1]

Offre alléchante que le dirigeant politique a fermement déclinée, ce qui est tout à son honneur. Mais cette proposition alerta le centriste « *sur certaines influences qui pourraient exister sans que nul ne s'en rende compte.* »[2] Et si d'aventure des hommes politiques avaient accepté de telles offres, il est évident qu'ils n'iraient pas s'en vanter. Quant à la réglementation française relative au financement des partis et des campagnes politiques,

1 *Les prédateurs du Kremlin*, op. cit.
2 Ibidem.

mieux vaut ne pas compter sur elle. En effet, si les dépenses des candidats sont soigneusement épluchées, « *les contrôles de l'origine de ces fonds sont rarissimes* »[3], confirme François Bayrou lui-même.

Pour les Russes, ces grands « philanthropes », il s'agirait là d'investissements très rentables car chacun sait qu'une campagne électorale est ruineuse. Mais, une fois l'élection remportée par « leur » candidat avec leurs capitaux, qu'ils soient sales ou déjà blanchis... combien de fois les investisseurs voudront-ils récupérer leur mise ? Sans compter les menus services « rendus entre amis ».

Détail inquiétant, François Bayrou, n'est ni le premier, ni le seul dans ce cas. Selon des sources fiables, en Europe, des dizaines d'hommes politiques ont fait l'objet de semblables propositions.

Révélations stupéfiantes ?

Pas autant qu'on pourrait le croire.

En France peut-être, où le financement des partis politiques constitue un problème récurrent. Mais, en Russie, il y a déjà eu des précédents : là-bas faire financer une campagne électorale par des affairistes douteux est devenu monnaie courante. La réélection du président Boris Eltsine, en 1996, tout comme les élections de Vladimir Poutine, en 2000, 2004 et 2012, 2018, voire celle de Medvédev en 2008, ont été financées par les « oligarques et parrains réunis ».

Il est donc clair que l'Europe se trouve désormais en première ligne. Après une infiltration des économies occidentales susceptible de fragiliser les démocraties, nous faisons face à une tentative d'implantation dans les milieux politiques. Pour les « draguer », les séduire,

3 Ibidem

les influencer et les instrumentaliser. Car le KGB veut disposer de partisans dévoués sur l'échiquier politique européen. Pour lui damer le pion ?

En matière d'infiltration, les médias français et européens se trouvent également noyautés lentement, mais sûrement.

Informé de ces pratiques, l'ex-président français Giscard d'Estaing réagit sans ambiguïté :

« *S'agissant de l'entrisme politique ou politico-financier (tel l'exemple de François Bayrou en 2002), il faut se montrer très ferme. Si l'on a connaissance de telles pratiques, je ne vois pas du tout l'intérêt que nous aurions à être complaisants. Les vraies relations entre grandes puissances doivent être fondées sur des bases très claires. Nous vous respectons, mais nous avons nos valeurs, nos compétences, nos principes et nous n'admettrons pas qu'on cherche à nous manipuler ou à les remettre en question. Nous devons résister impérativement à tous ceux qui cherchent à nous contaminer !* »[4]

En matière d'infiltration, les médias français et européens se trouvent également noyautés, lentement, mais sûrement.

À l'été 2006, le Kremlin engageait l'agence américaine Ketchum pour embellir l'image du pays lors du G8 de Saint-Pétersbourg. Neuf mois de travail ont été facturés 7,5 millions de dollars. La Nézavissimaya Gazeta (L'Indépendant) révèle que l'investissement fut productif puisque les publications occidentales se mirent à publier des articles positifs sur la Russie.

Le Kremlin a aussi planifié le rachat de journaux occidentaux par des milliardaires, autant de tribunes offertes à la désinformation et à la propagande. D'où

4 Ibidem

les titres acquis par des oligarques russes sur ordre du Kremlin : le France-Soir français ou l'Independent et l'Evening Standard britanniques.

La formule papier de France-Soir n'existe plus depuis des années. Seul reste son site surnommé, par plusieurs ONG, « le vaisseau amiral de la désinformation » et qui semble remplacer avantageusement Russia-To-day et Spoutnik, chaînes interdites en France depuis le 2 mars 2022. (Mais qui ont néanmoins poursuivi leur travail de sape jusqu'au début de 2023.) Ce site appartient à l'oligarque Sergueï Pougatchev, réfugié politique en France « pour désaccord » avec Vladimir Poutine mais qui, malgré ses dénégations, semble resté très proche du dirigeant russe. Ce site, qui ne comporte ni articles, ni journalistes, aurait cependant été subventionné par le ministère de la Culture. Si Pougatchev est réellement « fâché » avec Vladimir Poutine au point de fuir la Russie, alors pourquoi relayer la propagande du Kremlin ? Pour rentrer en grâce ou pour accomplir une mission secrète ? Comprenne qui pourra... Il serait bon d'avoir le fin mot de cette mystérieuse affaire...

Car le fait d'être un pseudo réfugié politique offre un tas d'opportunités que l'on soit un oligarque ou un « ancien agent du FSB » (l'ex-KGB) qui affirme avoir démissionné de cette officine. Or, mis à part les agents doubles, il n'existe pas « d'ex-agents démissionnaires » du KGB. Comme Vladimir Poutine le répète volontiers : « Tchékiste un jour, tchékiste toujours ! » Et ceux qui ont essayé de partir ne sont plus de ce monde tel Litvinenko (empoisonné en 2006 à Londres au polonium 210). Ou encore Sergueï Skripal, lui aussi empoisonné, au novitchok, avec sa fille en Grande-Bretagne. Tous deux ont miraculeusement échappé à la mort. Ceux qui osent quitter la « Famille tchékiste » sont des traîtres punis de mort où qu'ils se réfugient. S'ils ne sont pas exécutés et qu'ils ne se cachent pas, c'est qu'ils ne sont pas ce qu'ils veulent nous faire croire... Et qu'ils sont en mission.

Plus grave encore. Au début des années 2000, s'agissant de l'infiltration russe, quelqu'un de très bien informé appartenant à la DGSE, confiait d'un ton amer :

« *En France, tout est déjà infiltré: l'Élysée, Matignon, le Quai d'Orsay, le Parlement, les principaux ministères sans parler des plus hautes instances européennes...* »

Désormais, le laisser-faire, la passivité, l'aveuglement, l'indifférence, la vénalité ne sont plus permis. Devant de telles pratiques, qui poursuivent évidemment un objectif, il ne faut plus être ni dupes, ni complices. Il est grand temps de défendre notre territoire et notre nation.

Brillamment initiée dans les années 1920, au fil des décennies, l'infiltration de la France et de l'Europe n'a fait que s'amplifier.

Désormais, même les dirigeants européens ne seraient pas à l'abri de certains conseillers douteux ou tendancieux. Attention au choix de ces conseillers. D'efficaces relais, insoupçonnables, chargés de distiller « la bonne parole » aux oreilles de présidents élus démocratiquement...

Hélène Blanc

Dernières parutions :

Bons baisers de Moscou, Ginkgo éditeur , 2022.

Les enfants de la Garde blanche, Ginkgo éditeur, 2022.

7. Que signifierait la défaite totale de la Russie ?

Pourquoi l'Occident doit définir ses buts de guerre

Souvent, au cours des derniers mois, j'ai défendu la thèse selon laquelle non seulement l'Ukraine devait gagner la guerre, mais aussi que la Russie de Poutine devait être stratégiquement et radicalement défaite. Je me suis aperçu que cette idée avait surpris, voire choqué, certains – je ne parle pas ici des propagandistes décidés à sauver ce régime criminel et son chef. D'aucuns ne semblent pas vouloir comprendre ce que cela signifie et pourquoi c'est décisif. Mon propos sera donc essentiellement d'examiner les dimensions concrètes de cette défaite profonde de la Russie – défaite qu'on peut concevoir comme stratégique dans plusieurs acceptions du mot.

Je ne reviendrai pas sur les raisons pour lesquelles la Russie de Poutine doit être défaite : c'est d'abord la seule façon d'assurer à nouveau la sécurité en Europe et au-delà. Tant que cette défaite n'aura pas eu lieu, ce régime pourra recommencer en Ukraine ; il gardera sa mainmise sur la Géorgie dont il conservera directement 20 % du territoire sous son joug ; la question de la Transnistrie ne sera pas réglée ; le régime de Loukachenko gardera son emprise sur le Bélarus ; la Syrie restera sous la férule d'Assad ; la déstabilisation des démocraties continuera et, bien sûr, l'oppression de nature de plus en plus totalitaire de la population russe ne fera que s'accentuer.

Cette défaite de Poutine est aussi la condition, nécessaire mais non suffisante, pour que le peuple russe accomplisse progressivement un mouvement vers la vérité par la compréhension de ses fautes et éprouve un sentiment de culpabilité sans lequel aucun changement de la société russe ne pourra survenir. C'est aussi le fondement préliminaire de toute possible implication des Occidentaux dans le futur de la Russie, car on sait bien que ce pays ne pourra pas seulement se réformer de l'intérieur.

Faisons d'ailleurs l'hypothèse inverse d'une non-défaite stratégique de la Russie : on ne pourrait assurément qu'assister à la perpétuation du présent, sinon en Ukraine de manière provisoire, du moins partout ailleurs. L'idée selon laquelle nous ne saurions viser que la victoire de l'Ukraine fait bon marché de sa sécurité future comme des autres territoires où la Russie, exerçant déjà son emprise, souvent brutalise et assassine. En somme, l'idée d'une Russie qui perdrait en Ukraine et qui, ensuite, rentrerait dans le rang, est la plus dangereuse qui soit. Retournant à des errements anciens, elle passe par pertes et profits la nature du régime.

Mais à cette défaite nécessaire, il y a aussi une raison impérieuse qui doit conduire à renverser plus de trente ans de pratiques suicidaires pour l'Occident. En effet, nous avons depuis vingt-trois ans laissé l'initiative à Poutine. Nous l'avons laissé maître de notre agenda. Il a imposé les termes du débat en nous plaçant, sans que nous réagissions, devant le fait accompli. Encore aujourd'hui d'ailleurs, nous réagissons, mais nous avons quelque peine – peut-être est-ce d'ailleurs une absence de volonté

– à définir ce que nous recherchons. Certes, l'Occident souhaite la victoire de l'Ukraine, même s'il reste encore en partie à mi-chemin, mais il ne prend pas suffisamment de soin à définir des objectifs plus substantiels, pour tout dire de nature stratégique. Pour le dire autrement, Poutine a défini des buts alors que nous ne l'avons pas fait.

Nous avons aussi des buts de guerre

Au demeurant, demander la défaite stratégique de Poutine suppose précisément que nous ayons de tels buts, ce que j'appelle des buts de guerre. Sans doute me dira-t-on que ce n'est pas nous qui faisons la guerre à Poutine ; de fait, nous ne faisons que lui répondre, et encore en laissant aux forces armées ukrainiennes la mission de le faire à notre place alors que la menace russe nous concerne aussi directement. Le fait que nous ne sommes pas juridiquement en guerre avec la Russie est sans doute exact, même s'il est pour le moins maladroit de le proclamer comme si nous voulions encore ménager ce régime. Or, précisément, tel est le nœud : en affirmant que nous ne sommes pas en guerre – nous ne suggérons certes pas aux dirigeants occidentaux de déclarer haut et fort que nous le sommes –, nous nous mettons dans une sorte de disposition d'esprit qui nous empêche de formuler des buts de guerre.

La notion, vague et juridiquement non établie, de co-belligérance obscurcit davantage encore les esprits. Elle a été souvent évoquée récemment dans des débats publics de la part de ceux qui entendent mettre en garde contre une éventuelle implication de l'Occident dans la guerre. Elle est parfois exprimée de bonne foi, parfois aussi avec l'intention de dissuader les démocraties d'intervenir – et l'on voit bien dans ce cas qui sont ceux qui la portent.

En dehors des cas désormais rarement pratiqués où la guerre est officiellement déclarée par l'une des parties – la Russie, notamment, ne l'a pas fait puisqu'elle reste dans le mythe d'une « opération spéciale », ce que contredit la mobilisation –, il n'y a pas de co-belligérance établie pour les Etats qui aident un autre pays à se défendre contre une agression – le cas a d'ailleurs été explicitement spécifié à l'article 51 de la Charte des Nations Unies, et cette aide militaire autorisée. Dès lors, non seulement la livraison d'armes à l'Ukraine ne fait pas juridiquement des Etats qui le font des co-belligérants, mais l'aide directe sous forme d'envoi de forces armées ne le ferait légalement pas davantage dès lors que Kyiv le demanderait. En réalité, la co-belligérance n'est qu'un mot utilisé par le régime qui souhaite nommer ainsi un acte d'assistance militaire. La Russie peut désigner comme co-belligérants ceux qu'elle considère comme tels, mais cela n'a aucune signification. Ce n'est, autrement dit, qu'un moyen de pression en plus pour tenter de dissuader les démocraties de toute riposte. C'est tout au plus un récit et un artifice rhétoriques.

De manière générale, il est d'ailleurs urgent de prêter moins d'attention aux discours des Poutine, Lavrov, Medvédev, Peskov et autres représentants de la clique au pouvoir en Russie. Nous devons certes les analyser et tenter de comprendre s'ils ont une signification réelle qui peut annoncer telle ou telle nouvelle action agressive. Mais il existe une tendance malsaine, autant dans certains médias que dans certains cercles dirigeants, à se focaliser sur eux et à monter en épingle telle ou telle déclaration dans l'opinion. Le plus souvent, ces déclarations ne sont rien d'autre que des moyens de dissuasion. Plus encore, ils conduisent les gouvernements à se positionner par rapport à eux alors qu'ils devraient plutôt tenter d'élaborer leur propre plan.

Donc, en parlant de buts de guerre, j'entends d'abord suggérer que ce n'est pas parce que nous ne sommes pas juridiquement en guerre que nous n'avons pas à définir une vision de ce que nous souhaitons. La menace posée par la Russie est, depuis largement plus d'une décennie, la principale menace immédiate pour les démocraties. Elle dessine une volonté de bouleverser le monde et de détruire ses fondements mêmes tels que le monde libre les a établis à la fin de la Seconde Guerre mondiale. Devant la guerre que livre la Russie, qui est bel et bien *notre* guerre comme je crois toujours nécessaire d'y insister, nous avons des objectifs propres qui consistent non seulement à empêcher la Russie de nuire, mais aussi à dessiner le monde que nous souhaitons instaurer et qui ne se bornera pas seulement à une réinstauration du monde ancien.

En somme, la guerre russe n'est pas seulement dirigée contre l'Ukraine et la liberté des peuples ailleurs, notamment en Syrie, au Bélarus, en Géorgie et dans une partie de l'Afrique, de l'Asie et de l'Amérique latine; c'est une guerre globale et idéologique. Nos propres buts de guerre sont, en vainquant la Russie, certes d'abord en Ukraine pour sauver des vies, ce qui constitue une urgence et un devoir absolus, de forger une autre scène mondiale. Nos buts de guerre sont dès lors d'abord la défaite de la Russie et la libération totale de l'Ukraine qui doit retrouver ses frontières de 1991, mais aussi, en éliminant toute menace future posée par cet Etat, de créer les conditions d'un monde plus pacifié, libre, digne et décent.

L'énoncé de tels buts de guerre est obscurci dès lors que nous feignons d'imaginer une possible négociation avec la Russie *même* après la victoire de l'Ukraine. Indépendamment du fait que nul ne saurait négocier non seulement sur les frontières de l'Ukraine mais aussi sur la punition des initiateurs et des exécutants des crimes commis ainsi que le paiement, par la Russie, des dommages de guerre. Se mettre dans la position d'une possible négociation en prononçant ce mot empêche les dirigeants occidentaux de se placer dans une situation où ils pourraient en quelque sorte « finir le travail » – pour la sécurité, la paix et la dignité.

Ainsi, en adoptant une vision trop étroite de nos objectifs, ceux-ci mêmes perdent toute pertinence. Ils visent le court terme, mais ne portent en eux aucune vision stratégique à moyen et long terme. Cette conception limitée est l'exact contraire d'un objectif de dissuasion et, au-delà, d'une vision du monde. En définissant une conception aussi étriquée, nous nous plaçons, sans en avoir conscience, du côté des perdants.

La défaite stratégique et la sécurité du monde

La défaite totale de la Russie qui, en l'occurrence, va au-delà du seul régime de Poutine, s'articule autour de la sécurité du monde. Celle-ci sera impossible tant qu'il n'existera pas un gouvernement russe sérieusement engagé dans le refus de toute agression extérieure et dont l'objectif premier sera de reconstruire, socialement, économiquement, culturellement et intellectuellement le pays. Il n'y aura pas de paix tant que la Russie ne deviendra pas un pays « normal », c'est-à-dire le contraire d'un empire et qu'elle n'aura pas abandonné son idéologie de pure destruction. Nul ne peut savoir aujourd'hui si cette rupture radicale avec ce que Françoise Thom appelait la « matrice autocratique » de la Russie est possible, mais il est pour le moins probable qu'elle prendra du temps. Dès lors, se précipiter vers des négociations immédiatement après sa défaite en Ukraine voire même la chute de Poutine, n'a aucun sens. Cela serait également une voie dangereuse, de mauvais augure pour l'avenir du monde autant que pour celui, d'ailleurs, de la Russie. On ne voit d'ailleurs pas bien – aucun de ceux qui évoquent de telles négociations ne l'a au demeurant mentionné – ce sur quoi pourrait porter une telle négociation, à l'exception peut-être, mais cela suppose aussi cette défaite stratégique, sur les armes nucléaires.

J'évoquais, au début, les différents sens que revêtait l'adjectif « stratégique » accolé au mot « défaite ». Le premier est lié à notre propre visée stratégique, celle de la reconstruction d'un ordre pacifié, qui requiert une telle défaite. Le second vient de la mise en échec de la stratégie russe, fût-elle progressivement construite, d'un écroulement du monde, sinon, pour employer le terme proposé par la politologue Thérèse Delpech, de son « ensauvagement ». Le troisième est lié à l'incapacité que doit connaître la Russie future de faire peser de nouvelles menaces stratégiques sur le monde et les peuples.

Ces trois sens sont sans nul doute étroitement liés. Le monde libre était déjà largement devant une telle obligation après la capitulation de l'Allemagne nazie et du Japon en 1945 dans un contexte certes assez différent sur le plan militaire. S'agissant de la Russie, il est resté pendant trop longtemps dans une forme d'illusion née des espoirs de 1991 tout en refusant de voir, qu'en réalité, dès la prise de pouvoir de Poutine, elle ne pouvait plus tenir. Nous n'y reviendrons pas : cet aveuglement était le fruit à la fois d'une profonde inintelligence – comme si l'on pouvait « réengager » la Russie compte tenu de la nature de son régime ; comme si le *Wandel durch Handel* pouvait marcher malgré toutes les preuves contraires – et d'une forme de cupidité profonde que nous devons bien nommer corruption. Au demeurant, la bêtise de certains dirigeants et la corruption se sont mutuellement alimentées.

Les Alliés n'ont pas voulu percevoir que le système de Poutine était le premier obstacle à la paix, que son objectif, dès le début, n'était pas un simple *containment* de l'OTAN ni même la « neutralité » des anciennes colonies soviétiques et que, tant que son régime perdurerait, de plus en plus de territoires seraient directement menacés par lui. Là aussi, seules les anciennes provinces de l'URSS comme les Pays baltes ou les anciens membres du Pacte de Varsovie avaient pressenti, dès le début, que la réassurance de l'OTAN était une nécessité vitale. Les autres n'ont pas souhaité comprendre l'urgence de l'accorder à l'Ukraine et à la Géorgie – et ce fut la coupable opposition de Paris et de Berlin lors du sommet de Bucarest en 2008. Pour ne pas prétendument provoquer Poutine…

Ces trois composantes de la défaite stratégique indispensable de la Russie sont donc entièrement associées. La Russie ne cessera d'être un obstacle à l'existence d'un monde en paix (premier élément de la définition) et ne cessera de mettre à bas les règles, d'abord juridiques, qui forment le soubassement d'un ordre digne et juste (deuxième dimension) par une violation constante des droits fondamentaux que si elle est dissuadée (troisième aspect) d'agir de manière concrète.

La question est ici concrète : au-delà de l'expulsion des forces russes de l'Ukraine, celles-ci doivent aussi quitter la Géorgie, le Bélarus, la Syrie, l'Arménie et certains pays d'Asie centrale où elles sont encore déployées. Le groupe Wagner doit être chassé des pays d'Afrique, du Moyen-Orient et d'Amérique latine où il est implanté. En admettant qu'on ne le décide pas pour la Russie, Wagner doit être reconnu comme organisation terroriste par les Etats-Unis et l'Union européenne. L'Assemblée générale des Nations Unies doit se mettre en mesure d'imposer un retrait de la Russie du Conseil de sécurité où elle dispose d'un siège permanent. Enfin, et ce n'est pas le moindre travail, il faudra aller jusqu'au bout des sanctions en tarissant toutes les sources de financement par la Russie en Occident et en agissant enfin de manière impitoyable envers tous ceux, en Europe et en Amérique du Nord, qui ont pu agir en complices du régime russe. Après huit mois de crimes massifs contre l'humanité commis par la Russie en Ukraine – et plus de vingt-trois ans ailleurs et en Ukraine aussi – nous sommes loin d'être sérieux dans la poursuite de ceux qui, en Occident, ont soutenu ce régime criminel et continuent encore aujourd'hui de l'appuyer en disculpant Poutine. Ou en faisant semblant qu'il est encore possible de négocier avec lui.

Si l'ensemble de ces objectifs n'est pas poursuivi et atteint, non seulement nous n'aurons pas défait la Russie, mais celle-ci continuera, peut-être après un petit temps de répit où ses nouveaux dirigeants auront fait mine d'adoucir le ton en donnant aux démocraties quelques gages symboliques provisoires, à menacer le monde, à répandre la terreur et le crime et exploiter nos faiblesses. Cela sera fatal à notre sécurité et aux principes que nous défendons.

En somme, cette défaite radicale de la Russie doit être pensée dès aujourd'hui, organisée et, pour ainsi dire, planifiée. Nous ne saurions nous focaliser sur la seule Ukraine, même si, en termes militaires, c'est la priorité absolue. Ne l'oublions jamais : chaque jour qui passe conduit de nombreux Ukrainiens à la mort, qu'ils soient militaires ou civils, massacrés par des tirs de missiles ou torturés, assassinés ou encore déportés dans les zones sous contrôle russe. Or, nous avons le pouvoir, donc le devoir d'accomplir beaucoup plus en donnant à l'Ukraine toutes les armes dont elle a besoin, y compris des missiles à longue portée et avions de chasse. C'est là que se situe la ligne de front et si la défaite de la Russie n'est pas totale en Ukraine, elle ne pourra pas l'être ailleurs. Or, nous devons aussi préparer le futur ailleurs : en Syrie, où nous devons aussi stopper la Russie qui continue, à côté du régime d'Assad et de l'Iran, ses crimes quasi quotidiens ; au Bélarus, où nous devons préparer l'arrivée au pouvoir du gouvernement de coalition monté par l'opposition ; en Afrique, d'où nous devons chasser les milices Wagner dans le cadre de la lutte antiterroriste ; et dans le monde occidental, où nous devons faire taire les réseaux d'influence, réseaux que nous n'aurions jamais tolérés si c'étaient ceux de mouvements terroristes islamistes.

Cela sera le test ultime. Malgré le soutien du monde occidental à l'Ukraine, nous sommes encore loin de l'avoir passé. Pour le moment, nous restons encore à mi-chemin. Pour tout dire, les démocraties de l'Ouest n'ont pas de stratégie à court ou moyen terme vis-à-vis de la Russie.

L'ultime test et l'organisation de l'après

Poursuivre l'objectif de la défaite stratégique de la Russie est la condition, d'une certaine façon, pour qu'il y ait un après. Avec une Russie non défaite, il pourrait bien ne pas y en avoir ou, en tout cas, celui-ci serait sombre pour des millions de gens. On peut raisonnablement prévoir qu'encore des centaines de milliers de personnes seraient assassinées, même par une Russie nouvelle. Certes, affaiblie alors qu'elle était déjà exsangue, elle pourrait encore conserver son pouvoir de nuisance et de destruction pendant deux décennies, comme je l'avais déjà suggéré dans un livre paru en janvier 2011. Elle trouvera, comme elle l'a fait depuis plus d'une décennie, des alliés ajoutant à son pouvoir de désolation, le régime de Bachar el-Assad en constituant l'exemple le plus extrême.

La Russie telle qu'elle est et serait si un régime analogue à celui de Poutine devait se maintenir au pouvoir, par sa seule action de délabrement et de corruption du monde, nous paralyserait aussi dans notre capacité à traiter les autres multiples urgences de la planète : lutte contre le changement climatique, accès à l'eau et aux ressources naturelles pour les pays les plus pauvres, combat contre les inégalités mondiales, stabilisation des marchés de l'énergie, efficience dans la distribution et la mise en œuvre de l'aide au développement dans des pays où – certes elle n'est pas la seule – elle favorise la corruption et la prédation. La Russie, tant qu'elle est gouvernée par un régime qui, dans son principe, mine le monde, est un facteur, tantôt direct, tantôt indirect, qui entrave la concentration des dirigeants occidentaux sur le monde de demain. Il leur faut en effet se concentrer sur la manière de contenir les rémanences du monde d'hier, celui du pire XXe siècle. Il suffit de considérer l'action de la Russie dans de nombreux pays d'Afrique et d'Amérique latine pour voir combien son action se surajoute aux maux que certains de leurs dirigeants infligent déjà naturellement à leur peuple. Elle ajoute la déstabilisation à la déstabilisation.

Nous ne saurions non plus oublier que, pour parvenir à cette défaite stratégique russe, nous devons aussi examiner nos propres failles. La Russie a pu jouer sur elles : nous avons ainsi failli dans l'action d'intégration européenne dans une partie des Balkans occidentaux en laissant grande ouverte la porte à l'influence russe – nous n'en sommes certes pas entièrement responsables, mais notre propre ambiguïté a pu y renforcer les démons propres à ces pays. En Afrique, nos propres maladresses ont aussi pu aisément servir de facilitateur aux actions de la Russie comme de la République populaire de Chine. Notre absence de ligne droite au Moyen-Orient n'a pu qu'encourager certains régimes – on pense notamment aux Emirats arabes unis et à l'Egypte – à jouer double jeu. Nous pourrions multiplier et détailler maints exemples de la manière dont nous avons, sans le vouloir, encouragé les actions de pénétration de la Russie. Nous n'avons pas, non plus, été assez fermes envers certains Etats qui s'y prêtaient en espérant jouer sur tous les tableaux et qui se prétendaient nos alliés – Inde et Vietnam notamment.

En somme, une partie du monde occidental a cumulé deux travers : l'égoïsme et le « deux poids deux mesures » qui ont érodé sa crédibilité ; sa propre faiblesse et son refus de hausser le ton pour ne pas apparaître comme donneur de leçons. L'Occident a ainsi perdu sur les deux tableaux. La focalisation sur la lutte anti-terroriste, aussi indispensable soit-elle, a également été la fente ou la faille dans laquelle la Russie a pu habilement s'introduire.

Nous avons donc péché par naïveté, par faiblesse, par lâcheté, facilité ou par corruption en laissant penser qu'elle pouvait être notre alliée en ce domaine.

Si la défaite stratégique de la Russie doit être totale, c'est aussi pour que l'Occident ne soit pas tenté, à l'occasion d'une semi défaite qui serait encore une victoire de la Fédération de Russie, de recommencer comme *avant* sans considérer ses défaites lourdes dans la conduite de sa diplomatie, bien au-delà du seul Kremlin.

Je reste toutefois incertain devant sa capacité à faire preuve d'une telle intelligence stratégique globale…

Nicolas Tenzer
Enseignant à Sciences Po Paris,
Directeur du journal en ligne *Desk Russie*.
Non résident senior fellow au Center for European Policy Analysis (CEPA.)
Strategy blog : https://tenzerstrategics.substack.com/

Dernières parutions :

Le monde à l'horizon 2030. La règle et le désordre, Perrin, 2011.

La France a besoin des autres, Plon, 2012.

Resisting Despair in Confrontational Times (avec R. Jahanbegloo), Har Anand Ed., 2019.

Une version initiale de ce texte est parue en anglais sur le site www.tenzerstrategics.substack.com le 15 octobre 2022.

8. L'armée française face aux défis de la crise ukrainienne et de la menace poutinienne

Ma génération d'officiers a ceci de très particulier qu'elle est la dernière à avoir été formée pour se battre contre l'armée soviétique et qu'elle a enterré cette menace en la croyant dépassée.

De 1985 à 1989, ma promotion d'officiers a été formée à Saint-Cyr puis, dans les écoles d'arme, comme Draguignan pour l'artillerie, Montpellier pour l'infanterie et Saumur pour la cavalerie. Nous avons constitué la dernière génération à se préparer au « combat blindé » pour un affrontement fatidique contre l'armée du pacte de Varsovie, une armée soviétique sous domination russe.

Lorsque ma génération est arrivée en régiments, l'année suivante, cette situation a implosé sous nos yeux : le mur de Berlin s'est effondré, puis le pacte de Varsovie et la toute puissante URSS ont disparu, du moins nous l'avons cru.

Nous avons alors, progressivement et profondément, restructuré l'armée française, pour mener pendant plus de trente années des opérations qu'il ne fallait pas appeler « guerres » mais « interventions extérieures », et dont la forme évoluait sans cesse, nous surprenant à chaque nouvel engagement.

Leurs seuls points communs étaient l'incertitude, le chaos et notre volonté de limiter ces conflits pour qu'ils n'atteignent en aucun cas notre territoire. Et si, par malheur, des combattants adverses – car nous n'avions plus « d'ennemis » – lançaient des attentats sur notre sol, nous prenions soin de bien les séparer de ces interventions militaires, que personne ne comprenait dans notre société, faute de débats autant que d'intérêt.

Sans l'ombre d'un débat en effet, l'armée française s'est radicalement transformée

L'armée française, qui n'a jamais brillé par son ouverture vers la société qu'elle entend protéger, s'est refermée un peu plus encore en se restructurant silencieusement pour ces « interventions extérieures ». Son effort a été colossal : sa taille a diminué de plus de la moitié. Elle s'est intégralement professionnalisée et équipée avec une génération de matériels beaucoup plus légers et sophistiqués, aérotransportables et adaptés à des engagements rapides et courts en intensité.

Exit les chars lourds et les capacités massives de bombardement, les stocks d'armements et de munitions. Bienvenue aux « frappes chirurgicales » et aux opérations spéciales menées avec des armes légères en comparaison des précédentes, pointues en technologie et coûteuses, produites en petite série comme de l'orfèvrerie.

Le Caesar en est l'illustration, un canon d'artillerie sur camion deux fois plus léger que son prédécesseur, monté sur un char lourd (155 AuF1), il constitue aujourd'hui une arme « moderne », précise et fragile.

Dans un désintérêt croissant pour les sujets militaires

En parallèle, notre démocratie se défaisait des sujets militaires. Alors que depuis 1962, la France a participé à 32 guerres sans jamais reconnaître une seule fois « être en guerre », notre société s'éloignait inexorablement du fait militaire. La société n'y portait quasiment plus aucun intérêt, leur pilotage était discrètement monopolisé par l'Elysée et les militaires « aimablement » priés de se taire. Ainsi, cette évolution structurante de l'armée française s'est-elle faite sans l'ombre d'un débat...

Mes camarades ne se privaient pas de se plaindre en privé de cette situation, tout en se gardant de remettre en cause cet « ordre établi », oubliant au passage qu'ils étaient aussi des citoyens, tenus de participer à « la vie de la cité ».

Le choc de la guerre contre l'Ukraine, dont les explosions résonnent jusqu'à nos portes

L'agression militaire de l'Ukraine par la Russie de Vladimir Poutine, à la consternation générale, n'en finit pas de déstabiliser cet ordre, de déstabiliser cette conviction patiemment acquise de vivre dans une Europe qui ne serait plus concernée par le phénomène le plus destructeur de notre humanité, la guerre.

Mes compagnons d'armes se battaient sur des fronts informes, des Balkans à l'Afghanistan, du Rwanda à la Centrafrique, de la Libye à la Syrie, en s'efforçant de tenir à distance ce phénomène de guerre, en protégeant nos concitoyens d'un péril qui ne devait plus les affecter.

Pendant six décennies – presque trois générations – mes compagnons d'armes ont dressé un paravent pour masquer ces dangers et les écarter : ceux-ci ont fini par sembler de plus en plus éloignés, comme des événements anachroniques et déplacés qui ne concernaient plus qu'un lointain étranger.

Et ma génération d'officiers a mené toute sa carrière militaire dans ce contexte. Nous avons « inventé » ces interventions extérieures sans vraiment les définir, sauf qu'elles ne ressemblaient en rien à ce que nous avions appris être « la guerre », un affrontement colossal de blindés et de canons.

La guerre en Ukraine sonne-t-elle le glas de cette génération de conflits qui ne devaient pas constituer des guerres ?

Ce conflit lancé par Poutine contre l'Ukraine, cette guerre de destructions massives et de pertes abyssales – elle a déjà fait plusieurs dizaines de milliers de morts et des centaines de milliards de dégâts – marque-t-elle le retour d'un affrontement « classique » opposant des armées de blindés et de canons, de bombes et de missiles ?

En France, mes camarades ont construit en trois décennies un modèle d'armée de « corps expéditionnaire » que le budget militaire consacré par le président Macron a renforcé. Elle constitue désormais la dernière armée « puissante » en Europe, où toutes les autres nations se sont laissées progressivement atteindre par le « désarmement silencieux » : pourquoi en effet investir dans des forces armées qui semblaient de plus en plus inutiles, reliques d'un passé belliqueux ?

Les commandeurs silencieux d'une armée compétente et silencieuse, mais inadaptée à cette menace.

Ma génération d'officiers – que j'ai laissée à mi-parcours pour rejoindre le monde des entreprises dont j'étais issu – occupe désormais ses dernières fonctions. Elle est constituée par les commandeurs silencieux de cette armée, à l'image de mon camarade Thierry Burkhard qui en est son chef d'état-major, reconnu pour sa compétence et son silence.

Mes compagnons d'armes achèvent une carrière militaire marquée par la multitude des engagements extérieurs et l'éloignement de la guerre. Alors, ce conflit ukrainien à nos portes, qui ressemble tellement à ceux que nous nous sommes efforcés d'oublier, ne peut que remettre en cause cette évolution stratégique, exactement comme l'avait fait la disparition de la menace soviétique qui ne fut malheureusement qu'une éclipse.

La crise ukrainienne sonne le tocsin, la dernière alarme pour notre sécurité: seule l'Europe a la dimension nécessaire pour construire un système de défense global et suffisant.

La guerre en Ukraine est une crise mondiale et en premier lieu un défi pour l'Europe. Une Europe qui est, plus que jamais, un géant économique et un nain politique. Il nous appartient d'en faire autrement si nous ne voulons pas être les victimes du nouvel ordre mondial qui se dessine à notre détriment.

Poutine, qu'on disait affaibli voire malade, apparaît actuellement au sommet de sa puissance. Il affiche son assurance et sa morgue, étalant sa duplicité et ses mensonges pour nous imposer son ordre.

À l'inverse, les Etats-Unis apparaissent affaiblis, dirigés par un vieux président qui donne régulièrement des signes de grande fatigue, et miné politiquement par la désastreuse présidence de Donald Trump qui aura été le meilleur allié de la Russie pour fissurer la société américaine.

La Chine, qui affiche sa proximité avec Poutine sans lui apporter en réalité aucun soutien, se réjouit de cet affaiblissement de l'Occident tandis qu'elle est déjà vingt fois plus puissante économiquement que la Russie d'avant la guerre.

Les pays émergents nous font payer notre manque de considération et de solidarité. Il est frappant d'observer combien cette guerre en Ukraine a désolidarisé la plus grande partie du monde de l'Occident agressée par la Russie.

La seule dirigeante dont on ne soucie pas de la santé – peut-être parce qu'elle n'a pas d'armée – est Ursula Von der Leyen, la présidente de la Commission européenne...

En quelques mois, nous avons beaucoup appris sur la réalité de notre sécurité.

Commençons par cette mauvaise surprise pour notre société qui croyait que sa prospérité était devenue son principal enjeu : nous sommes menacés par la guerre.

Loin des discours « sécuritaires » d'une droite extrême, qui est d'ailleurs plus en admiration qu'en condamnation des agissements de la Russie de Poutine, c'est toute notre société qui se retrouve menacée par le recours à la guerre lorsque cette dernière cherche à obtenir ce que le droit ou ses voisins ne lui permettent pas. La Russie de Poutine se comporte comme un Empire qui impose sa volonté par la force militaire, qui soumet par la destruction et la mort.

Encore récemment, nous pensions que les grandes menaces contre l'humanité seraient désormais partagées, qu'une épidémie comme la Covid nous obligeait à une forme de solidarité, s'exerçant dans le cadre de règles dûment instaurées par le commerce international : innovation et industrialisation, vente et contrat, livraison et paiement.

La première conséquence de cette guerre est que nous devons-nous (ré)intéresser aux questions militaires...

Avec cette guerre en Ukraine, nous sommes rentrés dans une ère où chaque société est potentiellement menacée par la puissance militaire d'un grand voisin ou de ses alliés.

Lorsque nous avons accepté que Poutine massacre une partie de la Tchétchénie pour « sécuriser » sa frontière, lorsque nous n'avons pas tiré la leçon de l'invasion de la Géorgie par la Russie, lorsque nous avons démissionné en Syrie face à la barbarie du régime de Bachar el-Assad qui a mis à genoux son propre peuple en faisant régner la terreur par des milices russes, nous avons rouvert le champ du règlement d'un conflit entre « nations développées » par la guerre. Ce que nous espérions avoir clos avec la fin de l'Union soviétique renaît de ses cendres avec la Russie de Poutine.

Nous avons souffert aussi des conséquences néfastes des politiques d'influence où le Kremlin s'offrait des soutiens de premier ordre au cœur même de nos nations, en finançant des partis – comme le « Rassemblement national » – ou en se garantissant des « conseillers » de premier ordre qui continuent à expliquer que nous n'avons pas compris le maître du Kremlin…

Nous sommes entrés dans une nouvelle ère où nous devons gérer désormais les menaces qui nous concernent, plutôt qu'espérer que d'autres le feront à notre place et qu'après chaque tragédie, les affaires reprendront comme avant, garantissant notre niveau de vie à défaut de notre survie.

De fait, en France, entre l'abandon du service militaire (formellement une « suspension ») et la culture du silence soigneusement entretenue chez mes compagnons d'armes, les sujets militaires sont devenus l'apanage de quelques « spécialistes » et d'une poignée de décideurs politiques qui se sont dégagés, depuis des décennies, de toute contrainte de débat au sein même de notre démocratie.

Traumatisée par deux guerres mondiales, notre société a cru s'en vacciner, en réalité elle s'est laissée anesthésier.

C'est ainsi que la France a pu participer à 32 guerres sans jamais « être en guerre »

Mais peut-être n'étaient-ce que des « opérations spéciales » dont il était inutile de parler ?

Du Tchad au Mali, en passant par l'Afghanistan et le Rwanda, les soldats de la France n'ont cessé d'être engagés en dehors de tout débat démocratique et donc du moindre intérêt de notre société.

Mais, du fait de la guerre en Ukraine, nous avons en six mois plus parlé de sujets militaires en France que lors des soixante dernières années.

Grâce à cette guerre, nous avons découvert que l'ensemble de l'Europe n'avait quasiment plus d'armée, à l'exception partielle de l'armée française re-profilée pour des interventions légères et non pour des combats contre une armée lourdement blindée.

Lorsque nous avons annoncé unanimement notre volonté de livrer des armes aux Ukrainiens pour qu'ils puissent au moins se défendre, nous avons découvert abasourdis que nous n'en avions pas... La palme du choc revient aux Allemands, dont le Chancelier vient de rappeler l'absurdité d'avoir pensé « qu'ils n'avaient plus d'ennemis », et qui avaient offert aux Ukrainiens des chars (des Gepard) dont ils ne savent plus se servir et qui n'ont simplement plus de munitions...

La France, qui dispose désormais en Europe de l'armée la plus « puissante », peut difficilement offrir plus de 18 canons d'artillerie de 155 mm à l'Ukraine pour la raison qu'elle en possède moins de 100...

La Grande-Bretagne, malgré les déclarations aussi spectaculaires que fantaisistes de Boris Johnson, a consciencieusement et silencieusement désarmé.

Seule l'Europe a la dimension nécessaire pour répondre à de telles menaces.

Cette guerre en Ukraine oblige donc les pays européens, pour la première fois depuis des décennies, à regarder la réalité militaire : ils ne disposent plus d'armées puissantes, pas même des armes ou des munitions qui permettraient de se battre contre l'invasion russe. L'Europe si prospère découvre qu'elle est aussi un nain militaire, alors qu'elle est directement concernée par ces menaces de type soviétique.

La réaction sera-t-elle à la hauteur des enjeux que l'Europe redécouvre ?

Chaque pays-membre, la France en premier lieu, prend conscience à travers cette crise qu'elle n'a pas les moyens de se défendre seule. Les Européens seraient-ils enfin prêts à se défendre collectivement plutôt que de laisser des discours « nationalistes » nous condamner à nous incliner devant les dictatures de ce monde ?

Avec la guerre en Ukraine, nous réalisons que nous avons réussi à construire le plus grand espace de liberté et de prospérité du monde, l'Union européenne, en « négligeant » d'en faire une puissance pour nous protéger tout simplement. De fait, notre monde – ce monde – est en péril, menacé par l'agressivité de la Russie aujourd'hui et par d'autres demain, si nous n'investissons pas massivement dans sa sécurité.

C'est sans doute ce que ma génération d'officiers n'avait pas compris, pas plus que notre société. Nous devons débattre des questions militaires et en débattre au niveau européen si nous voulons pouvoir dire Goodbye à Poutine et à tous ceux qui veulent nous menacer.

Guillaume Ancel

Saint-cyrien, ancien lieutenant-colonel,
Guillaume Ancel a rejoint, en 2005, le monde de l'entreprise.
Il est l'auteur de plusieurs témoignages
sur les opérations extérieures.

Dernières parutions :

Un casque bleu chez les Khmers rouges, Les belles Lettres, 2021.

Rwanda, la fin du silence, Les belles Lettres, 2018.

Vent glacial sur Sarajevo, Les Belles Lettres, 2017.

9. « La Russie veut détruire l'Union européenne »

Pourquoi avoir repris un entretien qui pourrait paraître ancien ? Le lecteur jugera de la pertinence de propos visionnaires...
HB

En mars 2014, alors que la Russie venait d'annexer la Crimée, l'historien américain Timothy Snyder décryptait pour le magazine français Le Point *les enjeux de la crise ukrainienne. En particulier pour l'Europe.*

Avec son ouvrage Terres de sang, l'Europe entre Hitler et Staline *(Gallimard, 2012), l'historien américain Timothy Snyder a remis les pendules à l'heure sur l'histoire de la Seconde Guerre mondiale, trop souvent écrite du point de vue de l'Europe occidentale. Il y démontre, en effet, que les pires massacres et crimes de guerre ont été commis à l'Est, sur ces « terres de sang » comprises entre la Pologne et la Russie occidentale. En particulier, en Ukraine. Les deux totalitarismes, communiste et nazi, y ont rivalisé d'atrocités. La série d'articles qu'il a publiés dans la* New-York Review *of Books, durant la révolution de Maïdan, a démontré qu'il était l'un des meilleurs spécialistes de l'Ukraine contemporaine. De passage à Paris, il a répondu à nos questions.*

Le Point. – *Le marquis de Custine écrivait au* XIX*e siècle que les Russes avaient échangé l'oppression politique* *intérieure contre la perspective de domination impériale. Cela se vérifie-t-il encore avec Poutine ?*

Timothy Snyder. « Je pense que c'est exactement ce qui se passe en ce moment. Poutine voulait laisser un « héritage grandiose ». Loin du compte en politique intérieure, il a cherché à l'acquérir en politique étrangère. Son projet d'Union eurasienne n'avait pas convaincu grand monde, mais la révolution de Maïdan en Ukraine lui a porté un coup fatal. Maintenant, il lui faut autre chose : tenir l'Ukraine. Mais il est pris au piège de sa propre logique, car ce qu'il a accompli en Crimée l'a rendu formidablement populaire en Russie. Il est donc condamné à rééditer l'exploit. Et cela va devenir de plus en plus difficile. C'est un cas de bonapartisme sauvage. Ce qui se passe, c'est que Poutine a sous-estimé l'Ukraine. Il a d'abord pensé pouvoir contrôler ce pays, à travers son féal, Ianoukovitch. Puis, il a pensé que l'occupation de la Crimée allait déstabiliser le pays tout entier. Mais ce n'est pas du tout ce qui s'est produit, au contraire. C'est que l'Ukraine d'aujourd'hui est une authentique nation et qu'elle s'est dotée d'un véritable État. Il n'est pas si facile d'en prendre le contrôle. Poutine s'est trompé. Or, sa réputation est à présent en jeu : il n'a pas le choix. Pour rester en selle, il lui faut aller de l'avant. Sinon, il va tomber. »

LP. – *Les dirigeants roumains disent redouter l'allumage, par la Russie, d'une série de foyers de conflits, longtemps gelés, sur la Mer Noire, depuis la Géorgie jusqu'à la Moldavie, dont la Crimée ne serait que le point de départ. Partagez-vous cette analyse ?*

TS. « Non, je ne crois pas qu'ils vont rallumer, dans l'immédiat, tous ces conflits. Ce qui se passe, c'est que Poutine observe la manière dont nous réagissons à l'occupation de la Crimée. En Transnistrie, cette étroite bande de territoire, entre Ukraine et Moldavie, il teste la réaction de l'Union européenne. Car l'objectif stratégique visé, en définitive, c'est la destruction de l'Union européenne. Ce qui s'est produit en Crimée, c'est une espèce de répétition grandeur nature. Il faut bien observer la manière dont Poutine a agi, car cela se reproduira. »

LP. – *Poutine utilise l'argument selon lequel la présence de minorités russophones justifie leur « protection » par la Russie. Comme Milosevic l'a fait, avec les minorités serbes, pour attaquer la Bosnie, et Hitler avant lui, dans les Sudètes tchécoslovaques. Or, il y a de fortes minorités russophones en Estonie et Lettonie. Ces deux républiques baltes doivent-elles redouter une intervention russe ?*

TS. « La première remarque que je ferais, c'est une question de principe : il faut faire très attention à cette affaire de « protection des minorités ». Il y a un glissement sémantique : pas plus que les minorités germanophones des Sudètes, dont Hitler faisait des « Allemands requérant sa protection », les russophones des Pays baltes ne sont eux-mêmes des « Russes » Ils sont citoyens du pays où ils vivent et ils y jouissent de plus de droits et de libertés que les citoyens de la Fédération de Russie... Ils n'ont pas spécialement envie d'un « protecteur »... Mais oui, il y a plus à craindre, vous avez raison, du côté de la Moldavie. Une tentative sérieuse de déstabiliser l'Europe pourrait, dans l'avenir, s'y produire un jour. Ensuite seulement, une fois l'Europe sérieusement affaiblie et divisée, on pourrait se tourner contre les Baltes.

Mais là, on entrerait dans le dur : les trois républiques baltes font partie de l'Union européenne. Pas la Moldavie. »

LP. – *L'autre prétexte invoqué par le gouvernement russe, pour intervenir en Ukraine, c'est que le gouvernement provisoire, issu de la Révolution de Maïdan, est illégal. Et qu'en outre, il comporte des fascistes. Qu'en est-il ?*

TS. « Bon, vous êtes français, vous savez ce qu'est une Révolution. En Ukraine, vient de se produire une Révolution. Ce fut un mouvement massif, impressionnant, populaire, déterminé. Comme à toutes les révolutions, y ont pris part des plombiers et des historiens, des végétariens et des féministes, des jeunes et des vieux... Toutes les composantes de la société. Alors, l'extrême-droite, elle aussi, bien sûr, et depuis le début. Dans ce pays, elle représente environ 3 % de l'électorat. Je vous souhaite de voir votre propre extrême-droite, en France, retomber à ce niveau... Alors, c'est vrai que plus le régime de Ianoukovitch, dans sa volonté désespérée de se maintenir à tout prix, a fait monter le niveau de la violence, plus la participation des nationalistes extrémistes, bien organisés, a été manifeste. Svoboda a ainsi payé un lourd tribut, lors des affrontements avec les hommes de Ianoukovitch : sur les 80 tués de Maïdan, 16 appartenaient à ce mouvement. Mais ce qui est sûr, c'est qu'en cas d'invasion de l'Ukraine, l'extrême-droite nationaliste aurait le vent en poupe ! Les Russes y ont intérêt, parce que leur propagande tente d'accréditer l'idée que toute cette révolution est « fasciste ». Formidable paradoxe : un gouvernement autoritaire et nationaliste, qui prétend justifier ses agressions impérialistes par la présence de fascistes dans les rangs d'une révolution du pays qu'il menace d'un dépeçage en règle... À Moscou, l'extrême-droite, est au gouvernement ! En Ukraine, son influence est marginale. Nous verrons bien quel sera le score du candidat d'extrême-droite aux élections présidentielles de mai en Ukraine. Pour l'instant, leur candidat est crédité de 2 à 3 % par les instituts de sondage. Encore une fois, c'est tout le mal que je souhaite à la France... »

LP. – *L'URSS, dont Poutine n'a jamais accepté la dissolution, en 1991, avait théorisé la « souveraineté limitée » des pays d'Europe centrale, tombés sous sa coupe du fait de la guerre. À ce titre, l'Armée rouge était intervenue militairement, notamment en Hongrie, en 1956 et en Tchécoslovaquie, en 1968. La théorie peut-elle resservir en Ukraine, en 2014 ?*

TS. « Plus de vingt ans après l'effondrement de l'Union soviétique, nous pouvons constater combien la mentalité soviétique s'est conservée, tout en acquérant une dimension franchement nationaliste. Certains arguments entendus récemment sonnent de manière étrangement familière : « un pays frère », qui a besoin d'une « assistance fraternelle ». Mais à bien y regarder, il y a un autre vieil argument soviétique, qui est en train de ressortir du placard : « l'État n'existe plus ». C'est celui que Staline a utilisé pour envahir la Pologne en septembre 1939 et se la partager avec Hitler. Dès lors que tel État est déclaré « ne plus exister », alors il convient, n'est-ce pas, d'y intervenir, afin de « protéger nos nationaux », nos « minorités ethniques », face aux risques que leur fait courir cette « désintégration ». En outre, comme lors de la Guerre froide, toute volonté d'émancipation démocratique est immédiatement interprétée, à Moscou, comme le fruit d'un « complot de l'Occident ». Si les Ukrainiens préfèrent rejoindre l'Union européenne, plutôt que l'Union eurasienne de Poutine, c'est qu'il y a une « conspiration ».»

LP. – *Loin de conspirer contre la Russie, l'UE est apparue, dans cette affaire, comme sans stratégie, ni unité. Elle réagit au coup par coup, face à un adversaire déterminé et qui suit une politique mûrement réfléchie. Que devrions-nous faire pour contenir la poussée russe ?*

TS. « Vous devez comprendre qu'il n'y a, pour les nations européennes, que deux options sur la table. Ou bien, l'intégration européenne aboutie, ou bien l'absorption dans l'empire de Poutine. Ou bien un ensemble démocratique, régi par les Droits de l'Homme, ou alors l'empire eurasiatique, qui méprise la démocratie et se moque des Droits de l'Homme. Il n'y a pas d'alternative. Je sais que les Européens n'aiment pas penser qu'ils ont des ennemis, mais pourtant ils en ont. Et dites-vous bien que ce n'est pas l'affaire des États-Unis. Ils sont loin. Ils ont l'esprit ailleurs... La première chose à faire, pour les Européens, c'est de s'attaquer sérieusement à leur dépendance énergétique. De manière générale, cette crise ukrainienne va constituer un test pour l'Europe, un test que le monde entier va observer avec attention : les Européens sont-ils enfin capables de défendre eux-mêmes leurs intérêts ? L'UE peut-elle accéder au statut d'acteur géopolitique à prendre au sérieux, ou pas ?

Nous n'allons pas tarder à le savoir. »

Timothy Snyder
Propos recueillis par Brice Couturier

Source : *Le Point* N° 2170 du 17 avril 2014 avec l'aimable autorisation du magazine que nous remercions.

Deuxième Partie

Le monde selon Vladimir Poutine

1. Vladimir Poutine le Soviétique

Pourquoi avoir repris un entretien qui pourrait paraître ancien? Le lecteur jugera de la pertinence de propos visionnaires...

HB

Si en 1999-2000, d'aucuns ont pris la responsabilité de décréter, contre toute évidence, que Vladimir Poutine, en « grand démocrate » allait construire une Russie démocratique – notamment quelques experts qui, par incompétence ou vénalité, ont relayé sans faiblir la propagande du Kremlin – d'autres, une poignée d'experts, d'universitaires ou de journalistes, n'ont jamais été dupes de la communication de Moscou. À cet égard, cet article de Thierry Wolton aux accents prophétiques...

Sans doute pour se rassurer, les dirigeants occidentaux veulent croire que Vladimir Poutine est un légaliste, un juriste respectueux des lois. Qu'est-ce que cela veut dire dans une Russie post-soviétique où la démocratie balbutie? C'est au moment où Staline promulguait la « Constitution la plus démocratique du monde », en 1936, qu'il instaurait la terreur qui allait faire des centaines de milliers de victimes!

De même faut-il se souvenir que le pouvoir soviétique avait, dès son origine, toujours tenu à ce que ses crimes soient « légaux ». Les articles 58, 70 et 190 du Code pénal de l'URSS ont servi, à différentes époques, à faire disparaître dans les caves de la Loubianka (siège du Guépéou, devenu NKVD puis, KGB et aujourd'hui FSB), ou au fin fond du Goulag, ou dans des hôpitaux psychiatriques, des millions de personnes, russes et d'autres peuples, que le pouvoir voulait liquider. Avec un tel héritage, le légalisme ne signifie pas grand-chose dans la Russie contemporaine.

Contrairement aux temps soviétiques, Vladimir Poutine sera, il est vrai, élu le 26 mars selon un processus « démocratique ». Mais, là encore, il convient d'y regarder de plus près. Arrivé au pouvoir à la faveur d'une série d'attentats meurtriers dont son service, le FSB, est, selon toute vraisemblance, le maître d'œuvre, le président par intérim s'est ensuite empressé de mettre les principaux médias au service de sa propagande, faussant le fragile jeu démocratique.

Avec un Parlement qui lui est acquis, on prête d'ailleurs au président Poutine l'intention de modifier la Constitution pour rallonger son mandat (limité aujourd'hui à quatre ans, et renouvelable une fois) dans l'intention déclarée de disposer du temps nécessaire pour remettre la Russie « sur les rails ». On peut encore se rassurer en avançant que Poutine n'est pas communiste. Certes. Même s'il l'a été, il se garderait bien de l'afficher, sachant que ce n'est plus le bon cheval de bataille dans la Russie d'aujourd'hui et encore moins vis-à-vis des puissances occidentales dont il a besoin, financièrement et technologiquement, pour tenter de redresser l'économie de son pays.

En fait, le facteur idéologique n'a plus d'importance. Il n'y a pas de différence fondamentale entre le candidat Poutine et le candidat communiste Zougianov, son seul adversaire un tant soit peu sérieux pour la présidentielle. L'un et l'autre tiennent un discours nationaliste dans l'intention déclarée de restaurer la puissance russe. Qu'il s'agisse du national-communisme de Zougianov ou du national-capitalisme ou du « national-tchékisme » de Poutine, selon la politologue Hélène Blanc.

C'est l'aspect national qui importe, les deux hommes se plaçant en héritiers du système soviétique qui avait usé de la fibre nationaliste, quasiment depuis l'origine (en fait depuis 1924 et le « socialisme dans un seul pays » proclamé par Staline), pour renforcer son pouvoir.

C'est davantage dans ses méthodes de gouvernement que Poutine se comporte en bon héritier du soviétisme. Depuis son arrivée au pouvoir, les

« Organes » ont retrouvé leurs prérogatives. Les agents du FSB forment le noyau dur de l'administration du Kremlin ; ils ont un droit de regard à l'intérieur de l'armée depuis l'instauration d'unités spéciales ; et ils sont chargés de surveiller la presse.

L'heure n'est pas encore venue de rouvrir le Goulag mais dans les camps de filtration de Tchétchénie, c'est déjà le FSB qui officie et ce sont des sections de ce service qui, selon toute vraisemblance, détiennent le journaliste Babitski1, s'il est encore en vie.

Version officielle : le journaliste Andreï Babitski, grand reporter à Radio Svoboda, aurait été enlevé par des Tchétchènes, dont les chefs de guerre jurent au contraire qu'il est prisonnier des services secrets russes. .En fait, il semble qu'il ait effectivement été aux mains du FSB. Ce qui se confirme quand, le 28 février 2000, c'est l'avion personnel du ministre de l'Intérieur, Victor Rouchaïlo, qui le rapatrie à Moscou. Ce qui semble déjà sonner le glas de la liberté de parole avant même l'élection à la présidence de Vladimir Poutine.

Comme au temps de l'URSS, priorité est donnée au complexe militaro-industriel, l'armée se voyant attribuer la part belle du budget de l'État. Les militaires disposent de tous les moyens nécessaires pour mener leur sale guerre en Tchétchénie, alors que les Russes vivent toujours dans une situation précaire. Le sort de son peuple ne préoccupe pas davantage Poutine que ses prédécesseurs au Kremlin de l'époque communiste.

En quelques semaines, le président par intérim s'est également arrangé pour rogner la seule véritable conquête de l'ère Eltsine, celle de la liberté de la presse. Les rares journaux qui demeurent indépendants, ou même ceux qui sont soutenus par des groupes financiers qui n'ont pas l'heur de plaire au Kremlin, ont de plus en plus de mal à se faire entendre. Le monopole du pouvoir sur les médias n'est pas encore total, mais on s'y achemine. La mise à l'index de la presse étrangère en est un signe avant-coureur.

Le nouveau pouvoir a déjà réussi à mener sa guerre en Tchétchénie loin des regards indiscrets sans véritable réaction des dirigeants occidentaux pourtant d'ordinaire sourcilleux sur le terrain de la liberté d'informer, ce droit inaliénable de la démocratie. Fort de cette expérience tchétchène, le président élu pourrait bien être tenté de contrôler entièrement l'information, d'abord en limitant les visas des journalistes étrangers puis, localement, avec la mise en faillite des organes récalcitrants. Il est malheureusement à craindre que, côté information, la Russie de Poutine finisse par ressembler à l'URSS de Brejnev.

Enfin, la propagande du Kremlin use du même ressort xénophobe que celui dont a abusé le pouvoir soviétique à l'égard de l'étranger en développant chez le peuple russe un complexe d'assiégé. L'URSS s'estimait en guerre avec le reste du monde, mobilisant sans cesse sa population contre le « mal » venu d'ailleurs, les pays capitalistes en premier lieu. Cela permettait de justifier la fermeture des frontières.

Que prétend la Russie de Poutine ? Elle lutte contre le « terrorisme » en Tchétchénie. Au nom de ce combat, le « délit de faciès » est devenu monnaie courante dans le pays. Il suffit d'avoir l'air caucasien pour être suspect.

C'est une première étape. Tous ceux qui prennent la défense des populations massacrées, à Grozny et ailleurs, sont accusés de soutenir le « terrorisme » et doivent être considérés comme des ennemis potentiels.

Il suffit de transposer ce schéma à l'échelle internationale pour faire croire aux Russes que le monde entier leur en veut. Ce pas vient d'être franchi par le ministre russe des Affaires étrangères lorsqu'il a accusé le département d'État américain « d'assistance au terrorisme médiatique » pour s'être inquiété des atrocités commises en Tchétchénie.

Homme du KGB, une organisation directement responsable de dizaines de millions de morts (et qui n'a jamais fait son autocritique, ni exprimé le moindre regret), Vladimir Poutine a été formé à la meilleure école soviétique, celle du mensonge, de la brutalité, du cynisme.

Après quelques semaines de pouvoir, toutes ses « qualités » sont déjà apparues au grand jour.

Les dirigeants occidentaux ne pourront donc pas feindre la surprise lorsque, une fois élu, il partira en guerre contre toutes les valeurs qui nous sont chères, faute d'avoir su le mettre en garde et de lui avoir tenu tête à temps.

Thierry WOLTON,
le 24/2/2000

Dernières parutions :

Penser le communisme, Grasset, 2021.
Les nouvelles routes de notre servitude, Grasset, 2022.

2. Vladimir Poutine ne renoncera jamais à l'Ukraine

Pourquoi avoir repris un entretien qui pourrait paraître ancien ? Le lecteur jugera de la pertinence de propos, visionnaires...

HB

L'Anschluss foudroyant de la Crimée suivi par le démembrement furtif de l'État ukrainien pose aux Occidentaux une question fondamentale : dans quelle mesure la politique russe actuelle est-elle une improvisation, dans quelle mesure est-elle l'indication de l'existence d'un dessein plus vaste dont les implications pour la sécurité européenne seraient plus graves encore ?

Où s'arrêtent les ambitions du président Poutine ?

Un retour en arrière sur la politique russe depuis 1999 fournit des éléments de réponse.

Il faut d'abord se souvenir des circonstances troubles dans lesquelles Vladimir Poutine a été catapulté au pouvoir. Lorsque Boris Eltsine le nomme Premier ministre en août 1999, c'était un illustre inconnu, déjà discrédité par son association avec l'entourage corrompu d'Eltsine. Pourtant, en mars 2000, il sera triomphalement élu à la présidence.

Entre ces deux dates (des 4 et 16.9.1999) se produisent quatre mystérieuses explosions meurtrières dans des villes de Russie (deux à Moscou), faisant plus de 300 morts. Sans aucune preuve, Poutine attribue ces attentats aux Tchétchènes. Sa rhétorique musclée suscite une vague patriotique qui lui permettra de se présenter en chef de guerre. Les opérations militaires en Tchétchénie lui tiendront lieu de campagne électorale. Poutine et la secte de l'ex-KGB qui l'a propulsé au pouvoir peuvent se féliciter : désormais, le rétablissement de la grande puissance russe est un objectif partagé par l'opinion. Et Poutine peut passer à la phase suivante : la réintégration autour de Moscou de l'espace ex-soviétique. La vague de nationalisme sur laquelle le président russe a surfé pour se hisser au pouvoir ne retombera plus, entretenue et attisée par des médias totalement contrôlés par le pouvoir.

Faiblesse de la Russie

Dans un premier temps, les hommes du Kremlin ont un sens aigu de la faiblesse de la Russie. Ils sont conscients que leur projet de reconstitution de l'Empire n'est réalisable que si les États-Unis et l'UE sont neutralisés. La « guerre contre le terrorisme » permettra un rapprochement momentané avec l'administration Bush.

Aux Européens, Poutine propose un « partenariat énergétique », saisi avec empressement par les intéressés. Poutine sait que les contrats gaziers entraînent une dépendance durable entre consommateurs et producteurs. En liant chaque pays européen à Gazprom, Poutine espère être à même de pouvoir bloquer toute initiative de politique européenne jugée indésirable à Moscou, telle, par exemple, la mise en place d'une politique européenne concertée de l'énergie.

À partir de 2004, la politique de Poutine va s'infléchir, sous l'influence de l'augmentation du prix des hydrocarbures et des « révolutions de couleur ». Comme le président russe et sa coterie de siloviki[1] ne comprennent ni la liberté, ni la complexité des phénomènes sociaux, ils voient dans ces révolutions le résultat de complots ourdis par les puissances hostiles à la Russie – de même que, dans chaque opposant russe, ils voient un traître à la solde de l'étranger.

Ce glissement net vers un affrontement avec Washington (dont les Américains ne sont guère conscients) s'accompagne d'une activation de la politique énergétique en Europe. La Russie s'efforce de faire main basse sur les infrastructures énergétiques de son « étranger proche » et des nouveaux membres de l'UE. Parallèlement, elle cherche à obtenir un accès aux réseaux de distribution dans les pays de l'UE. Dès 2005, après la signature avec l'Allemagne de l'accord en vue de la construction du North Stream, elle se considère comme une superpuissance énergétique, fermant les robinets du gaz aux pays insoumis, amenant les autres à lui abandonner des pans toujours plus importants de leur souveraineté en échange de rabais de la facture gazière.

Révisionnisme néo-soviétique

À partir de la crise des subprimes en 2007-2008, les dirigeants russes pressentent non seulement la chute des États-Unis, mais la défaite de l'Occident tout entier. Désormais, au révisionnisme postsoviétique s'ajoute un révisionnisme néo-soviétique : de même que l'URSS ne s'était jamais résignée à l'ordre européen de l'après-

1 *Siloviki* : politicien issu des services de Renseignement, NDLR.

guerre reposant sur la coopération puis, la construction européenne appuyée sur la garantie de sécurité apportée par les États-Unis, la Russie de Poutine ambitionne de subvertir cet ordre européen qui l'empêche de s'assurer une position dominante sur le continent. En 2008, le président Medvédev proposa la mise en place d'un nouveau système de sécurité en Europe. Cette démarche résultait de l'évaluation faite, à Moscou, de la nouvelle « corrélation des forces ».

Aux yeux des dirigeants russes, l'effacement américain était acquis et il fallait que l'Europe en prenne acte et lui donne une forme institutionnelle. Pour les Russes, le droit, toujours, est la codification d'un rapport de force. Celui-ci ayant évolué au détriment des États-Unis et en faveur de la Russie, l'architecture de sécurité européenne devait être modifiée en conséquence. La guerre russo-géorgienne d'août 2008 poursuivait deux objectifs : montrer que la Russie se sentait désormais les mains libres pour agir dans l'espace ex- soviétique comme bon lui semblait ; prouver à tous les alliés des États-Unis que la protection américaine était devenue une fiction.

L'Union eurasienne, un projet qui vient de loin

Par la suite, profitant de l'affaiblissement des Occidentaux attesté par leur absence de réaction au coup de force contre la Géorgie, et de la naïveté de la nouvelle administration américaine, le Kremlin accélère la réalisation de son projet d'Union eurasienne, tout en lançant un ambitieux programme de modernisation des forces armées, auquel les Occidentaux sont incités à participer grâce au faux dégel impulsé à ces fins par Medvédev, l'homme de paille de Poutine.

La signature précipitée de l'Union douanière entre la Russie, le Bélarus et le Kazakhstan en janvier 2010, constitue une réponse au lancement, par l'UE en 2009, du Partenariat oriental dans lequel le Kremlin, toujours paranoïaque, voit une machination de l'UE pour faire échouer l'Union eurasienne dont la création est prévue en janvier 2015 : d'où les guerres économiques lancées contre les pays tentés par un pacte d'association avec l'UE, Ukraine, Moldavie, Arménie.

Que ce soit l'intensification de la propagande, le musellement total des médias d'opposition, la nationalisation « des élites » et la « dé-offshorisation » de l'économie, l'alourdissement des peines pour « haute trahison », la traque des « agents étrangers », la hausse des dépenses militaires, les décisions du pouvoir russe depuis la réélection de Poutine en 2012 vont dans le même sens : elles préparent le pays à l'affrontement avec les Occidentaux.

Pas d'Union sans Ukraine

À la télévision russe, l'Europe est montrée comme totalement décadente et dégénérée, tandis qu'une campagne de haine contre les États-Unis se déchaîne. On comprend dans ce contexte l'importance de l'enjeu ukrainien : sans l'Ukraine, l'Union eurasienne, le grand dessein du président Poutine, est mort-née. On peut être certain que le Kremlin fera tout pour installer un satrape à Kiev, afin d'y poursuivre l'œuvre destructrice de Yanoukovitch, l'homme choisi par Moscou pour couvrir la subversion de l'État ukrainien qui s'est révélée au grand jour ce printemps. En même temps, il fera tout pour détricoter l'Union européenne et l'OTAN, car tant que celles-ci existent, le projet d'Union eurasienne sera précaire et menacé. Pour parvenir à ses fins, le Kremlin mise sur les forces europhobes que la crise a gonflées en Europe, à droite et à gauche, et notamment sur les partis d'extrême-droite. Durant le drame ukrainien, ceux-ci ont montré à quel point ils étaient en osmose avec Moscou, au point d'oublier leur référence favorite au souverainisme lorsqu'il s'agissait de l'Ukraine.

La crise ukrainienne a révélé le formidable po- tentiel de subversion dont s'est dotée la Russie depuis que les siloviki sont au pouvoir. Ce potentiel de subversion est aussi tourné contre l'Europe occidentale, contre le lien transatlantique, comme le montre le battage organisé par les médias russes autour de l'affaire Snowden.

Les hommes du Kremlin ne sont pas seulement décidés à saper l'ordre international, ils veulent installer la loi de la jungle en Europe, de manière à imposer leur domination à des Européens, perçus comme incurablement velléitaires, décadents et indifférents à la liberté.

Françoise Thom
Interview de la journaliste Kelly Thomas

Source : www.Eur'Activ.fr
http://www.euractiv.fr/sections/europe-de-lest/pourquoi-poutine-ne-renoncera-pas-lukraine-301650 écrit le 22.04.1

3. « L'aide fraternelle », sur l'Ukraine

Pourquoi avoir repris un entretien qui pourrait paraître ancien ? Le lecteur jugera de la pertinence de propos visionnaires...

HB

C'était attendu.

Quand la Russie veut prendre le contrôle d'une nation voisine, elle emploie une méthode éprouvée. Elle discerne, encourage et organise un Parti pro-russe dans cette nation. Elle proclame que ce Parti est opprimé. Alors elle envoie des soldats pour lui apporter « une aide fraternelle » (*bratskaïa pomoshch'*) et le libérer.

Elle a fait ainsi en Pologne au XVIIIe siècle et l'a soumise morceau par morceau. Elle « défendait les libertés polonaises » et soutenait les populations orthodoxes contre l'oppression du catholicisme. Elle eut pour cela les faveurs des Lumières françaises.

Elle a envahi la Hongrie en 1848 dans le cadre de la Sainte Alliance et de nouveau, en 1956, dans le cadre de l'internationalisme prolétarien. Puis, la Tchécoslovaquie, en 1968.

Elle a appliqué cette méthode dans les années vingt du XXe siècle, et a soumis la Mongolie extérieure, la Géorgie, l'Arménie. En 2008, toujours de la même façon, elle a arraché deux provinces de la Géorgie. Aujourd'hui, elle envahit l'Ukraine et apporte à la Crimée son « aide fraternelle ».

Il n'y a pas de limite à cette expansion. La Russie n'est pas une nation. Elle n'a pas et n'a jamais eu de frontière naturelle. Elle se conçoit comme un Empire. Voire même comme une sorte d'Église.

Au temps d'Ivan le Terrible, la Russie, encore arriérée et très pauvre, avait vocation d'étendre le royaume orthodoxe à toute l'Europe. Elle se considérait comme le seul pays encore chrétien. Pierre le Grand pensait que l'étendue déjà immense de son empire était la preuve de sa vocation à s'étendre encore. La secte léniniste qui a pris le pouvoir en 1917 avait le projet d'une révolution mondiale et l'a maintenu jusqu'à sa chute. Tout pays communisé devait se convertir au modèle soviétique. La Russie ne conquérait pas : elle réunissait des terres dont le destin manifeste était de se joindre à la Russie, ou à l'Union soviétique, dans l'amour.

Ce grand dessein a séduit les Français. Nos communistes se transportaient spirituellement « au pays des Soviets » et le mimaient dans leur vie publique et privée.

Aujourd'hui, le tropisme vers la Russie a l'air de migrer dans les droites. Pourquoi cet amour pour l'amour à la russe ?

Notre grand historien Michelet écrivait de la Russie et de sa propagande en 1853 : « *La Russie en sa nature, en sa vie propre, étant le mensonge même, sa politique extérieure et son arme contre l'Europe sont nécessairement le mensonge.* » Mais ce mensonge est cru parce qu'il porte un attrait religieux universel, tantôt « chrétien », tantôt séculier, mais toujours religieux. Michelet encore : « *Hier encore elle nous disait : "Je suis le christianisme", demain, elle nous dira : "Je suis le socialisme..."* » Elle l'a dit, en effet, de 1917 à 1989.

Aujourd'hui, elle brandit de nouveau ses coupoles et ses croix. Toujours, elle nous demande de l'aimer.

La France aussi abrite un « Parti russe ».

Alain Besançon, de l'Institut.
Le 1/3/2014.

http://laregledujeu.org/le-maidan-lettres-de-kiev/2014/03/01/ukraine-laide-fraternelle/

Derniere parution :

Sainte Russie, éditions de Fallois, 2012.

4. À nazi, nazi et demi

La fable obscène sur la « dénazification » et les mensonges grossiers sur une invasion qui ne veut pas dire son nom ont mis à mal la crédibilité du grand récit soviéto-russe de Poutine. Mais certaines légendes survivent, avec la complicité, volontaire ou pas, de nombre de journalistes et d'experts occidentaux.

Vous avez dit « dénazifier » ?

Lorsque Poutine a déclaré que le but de son « opération militaire spéciale » était de « dénazifier » l'Ukraine, tout le monde ou presque en est resté sidéré. Les journalistes notamment ne savaient pas quoi faire de ce terme ; beaucoup le répétaient d'un air gêné : personne ici ne croyait que l'Ukraine fût un pays nazi, mais on n'arrivait pas à rapporter l'agression russe sans reprendre ce mot, bien que son application à une démocratie constitutionnelle soit absurde et scandaleuse. Ce qui n'empêchera pas Sergueï Lavrov de pérorer sur la « dénazification » de l'Ukraine et, lui, non sur le ton des imprécations de Poutine mais avec le sérieux imperturbable du diplomate.

Tant que Poutine escomptait une victoire éclair, « dénazifier » signifiait renverser et juger le gouvernement ukrainien (« tous des nazis et des drogués »), sous les applaudissements attendus de la Cinquième colonne installée dans l'appareil d'État et le Parlement ukrainiens, et ceux des russophones, supposés être tous partisans du retour de l'Ukraine dans le giron russe. C'est ainsi que, consciemment ou non, on trouvait un sens compréhensible au mot d'ordre extravagant de Poutine.

Mais, quand il est apparu que l'Ukraine résistait, que son président tenait bon et menait le combat contre l'occupant, un autre sens de « dénazification » s'est révélé : « dénazifier » l'Ukraine signifie éliminer tous les Ukrainiens qui refusent d'admettre qu'ils sont en réalité des Russes. Cela fait beaucoup de monde. Dès ce moment, il était donc permis de penser que le but de Poutine était le génocide de la nation ukrainienne, avant même que les crimes de guerre et les crimes contre l'humanité commis par les armées russes soient connus. Dieu merci, la résistance de l'armée et du peuple ukrainien a contrarié la politique génocidaire programmée par Poutine, qui n'aura connu qu'un commencement d'exécution. Quand les crimes russes seront jugés, Poutine sera comptable de ce génocide inachevé mais bel et bien commencé, non seulement dans la planification de l'invasion, mais aussi par le discours de haine déshumanisant dont il a abreuvé les Russes et le monde depuis 2004 et la Révolution orange et, avec une intensité accrue, à partir du Maidan en 2014. De même, si l'Allemagne nazie avait été défaite au printemps 1942, l'extermination des Juifs d'Europe n'aurait fait que commencer, mais le programme génocidaire eût été le même et aurait été jugé comme tel.

« Dénazifier l'Ukraine » : l'énormité des mensonges et des crimes contenus dans ce terme est en train de se retourner contre le Kremlin, de mettre en pièce le grand récit de la grandeur russe et soviétique et des revendications impériales légitimes qui en découleraient. Ce mensonge totalitaire n'a cependant pas fini d'intoxiquer la conscience européenne.

À force de trafiquer le passé, on se fait prendre…

À l'époque soviétique, une blague fameuse circulait : « Qu'est-ce qui est le plus difficile à prévoir en URSS ? Réponse : le passé ! »

En ce temps-là, la révision de l'histoire était encore artisanale : on effaçait des portraits, on caviardait des livres au gré des purges et des changements de la ligne du Parti. Avec Poutine, le révisionnisme historique a accédé à l'âge industriel. Le régime a codifié un grand récit de l'histoire russe et soviétique dont il est interdit de s'écarter sous peine de sanction, que ce soit dans les manuels scolaires, la recherche ou les médias. Sans répression de masse, par le contrôle des médias, la manipulation des réseaux sociaux et l'élimination progressive de l'opposition, Poutine a mené et gagné en Russie une véritable guerre contre la réalité. Les démocraties assoupies n'y ont vu que du feu. Ce conditionnement orwellien, engagé dès l'arrivée de Poutine au pouvoir en 1999, a atteint son sommet — mais aussi son point d'effondrement — avec le camouflage de l'invasion de l'Ukraine en « opération militaire spéciale ». Cette opération était préparée de longue main par la révision du passé, en particulier, de la période stalinienne et de la « Grande guerre patriotique ». Staline est glorifié sans nuances. Oubliée la critique, lors du XXe Congrès du PCUS (1956) du « culte de la personnalité » et des « crimes de Staline ». L'alliance avec l'Allemagne nazie de 1939 à 1941, que la propagande soviétique s'efforçait d'escamoter, est désormais revendiquée sans complexe par Poutine. Le mensonge soviétique avait *privatisé* la

Seconde Guerre mondiale en prétendant que l'URSS était l'unique ennemi des Nazis, et qu'elle les a vaincus à elle seule, les Alliés ne jouant qu'un rôle de figuration. Poutine a perfectionné cette privatisation de l'histoire : c'est la *Russie* seule qui a affronté l'Allemagne nazie et l'a vaincue, au prix de sacrifices inouïs. Le mensonge a beau être énorme, il passe en douceur moyennant l'équivalence entre « soviétique » et « russe », très fréquente dans le langage commun. Chaque fois qu'un journaliste parle des 20 ou 27 millions de « *Russes* » (en réalité de Soviétiques, dont 7 millions d'Ukrainiens) tués au cours de la Seconde Guerre mondiale, il renouvelle sans le savoir l'accréditation du mensonge poutinien. Je rappelle ces faits bien connus, du moins des auteurs de ce livre, car le mensonge sur la Grande Guerre patriotique est la matrice de la nazification de l'Ukraine : seuls les Russes ont combattu l'envahisseur nazi, les Ukrainiens, eux, étaient des collaborateurs.

Ce n'est pas tout. En passant de l'URSS à la Russie, le grand récit de la lutte contre l'Allemagne nazie s'est dépouillé de ce qui lui restait de messianique — la patrie du socialisme contre la barbarie fasciste — pour être réduit à une pure confrontation de forces. Poutine a ainsi dépassé la « complicité belligérante » entre Nazis et Bolcheviks au profit d'une trouble relation mimétique entre son nationalisme impérial et celui d'Hitler, unis par le culte de la force brute. Les groupuscules rouges-bruns qui prolifèrent autour du pouvoir depuis la disparition de l'URSS, certains ouvertement néo-nazis, sont devenus le vecteur de la nazification de la propagande poutinienne. L'insistance sur le nazisme de l'Ukraine depuis le 24 février fonctionne selon la technique du mensonge-miroir, qui consiste à attribuer à l'ennemi ses propres turpitudes. Mais cette surenchère n'est pas sans risques pour le Kremlin. Elle semble d'ailleurs brouillonne et improvisée, contrairement à l'orchestration habile de la propagande sur la « junte de Kiev » lors de la révolution du Maïdan. Aujourd'hui, la soldatesque russe se comporte en Ukraine comme l'envahisseur nazi, de sorte que, plus elle tente de « nazifier » les Ukrainiens, plus on en vient à penser que, comme disent les enfants, *c'est celui qui dit qui y est.*

Le fantôme de l'extrême-droite ukrainienne

Poutine en a trop fait, et le mythe de la Grande guerre patriotique s'est dévalué. Il ne peut plus servir de justification aux prétentions impériales du Kremlin, ni même de bulle fantasmatique superposant la guerre actuelle avec la guerre passée. Mais le mensonge russo-soviétique est fait de couches multiples et redondantes, comme la sécurité des centrales nucléaires, de sorte qu'il ne suffit pas d'une brèche pour en briser la force. Bien qu'il soit acquis aujourd'hui pour une large part de l'opinion occidentale que « la Russie ment tout le temps », certains mensonges continuent de troubler les esprits : « l'humiliation russe », les promesses non tenues des Occidentaux, etc. Le mensonge le mieux ancré est la thèse de l'omniprésence de l'extrême-droite ukrainienne, de Bandera à nos jours. S'il est devenu difficile de faire de l'Euromaïdan une insurrection fasciste, il reste une cible de choix : les bataillons de volontaires, en particulier le « régiment Azov », désigné comme néo-nazi par la propagande russe. En réalité, les régiments de volontaires n'ont plus rien à voir avec leur origine idéologique. Ils ont d'ailleurs été intégrés à l'armée ukrainienne. Ce ne sont plus de petits bataillons comme à leur création en 2014 mais des régiments fournis, au recrutement très divers et dépolitisé. Les régiments Azov ou *Pravy Sektor* sont bien, à leur origine, des groupuscules d'extrême-droite, mais leurs dirigeants d'alors sont partis — certains ont été chassés. Les volontaires qui se sont engagés dans ces groupes voulaient seulement défendre leur pays attaqué par la Russie dans le Donbass et ils préféraient ces formations à l'armée régulière pour diverses raisons, qui vont de la souplesse de ce type d'engagement à la méfiance envers une armée qui, à l'époque, était réputée faible et corrompue voire, comme lors de l'annexion de la Crimée, noyautée par des officiers travaillant pour la Russie. Le bataillon Azov était particulièrement suspect en raison du pedigree de ses chefs, antisémites notoires et bénéficiant des conseils de communicants russes. Au point que beaucoup, en Ukraine, craignaient que le bataillon change de camp. Mais, en juin 2014, les combattants d'Azov ont contribué à chasser les forces russes et séparatistes de Marioupol. Ils ont ainsi gagné leurs galons de patriotes et ont intégré la Garde nationale. Pendant ce temps, sur la scène politique, les partis d'extrême-droite, de *Svoboda* — une sorte de RN — aux petites frappes de *C4* et de *Corps national*, tentaient de s'approprier le prestige des volontaires et de s'unir en vue des élections législatives de 2019 — qui suivirent l'élection présidentielle remportée par Zelensky. Peine perdue, malgré cette large alliance, l'extrême-droite n'a obtenu que 2,15 % des suffrages et aucun élu. Tout cela est connu ou aurait dû l'être des journalistes et des experts qui suivent la guerre. Pourtant, chaque fois qu'il était question du siège de Marioupol, on ne manquait jamais de rappeler que le régiment Azov, retranché avec d'autres unités dans les sous-sols de l'usine Azovstal, était « d'extrême-droite », voire « néo-nazi ». Le siège d'Azovstal a captivé les médias. Ainsi, plusieurs fois par jour, le lien entre résistance ukrainienne et nazisme était innocemment — ou non — renoué. Bien que la presse et les experts sympathisent le plus souvent avec l'Ukraine, le signifiant « Azov » continue à travailler en douce pour le Kremlin : l'Ukraine a beau être la victime de l'agression, on ne manquera pas de rappeler cette compromission supposée — en réalité inexistante — de la cause ukrainienne avec le fascisme, ou de regretter que l'Ukraine n'ait pas exorcisé les démons du passé, etc.

En conclusion, même si, grâce à l'Ukraine, l'Europe et les Occidentaux ont effectué un tournant historique dans leur compréhension de la menace russe et commencé à en tirer les conséquences, le mensonge totalitaire est loin d'être entièrement déconstruit.

Philippe de Lara,
Maître de conférences honoraire en science politique
à l'université Panthéon-Assas.

Derniers articles parus :

« Vivre avec la Russie? », *Revue de la Défense Nationale,* avril 2022;
« Sommes-nous déjà en guerre avec la Russie? » *Telos,* mars 2022.

5. Goodbye Kirill

La guerre menée par le Kremlin en Ukraine depuis 2014 et élargie depuis 2022 a eu pour effet non seulement de renforcer l'identité nationale ukrainienne mais également d'effacer progressivement des rives du Dniepr la présence historique et canonique de l'Église russe.

En effet, après l'annexion de la Crimée et la déstabilisation du Donbass, le patriarcat œcuménique de Constantinople a fait le choix de répondre positivement aux attentes de la majorité des chrétiens en Ukraine en accordant, en 2019, un statut d'autocéphalie à l'Église orthodoxe d'Ukraine. Cette dépendance à l'égard de Moscou était le résultat de la colonisation de l'Ukraine par l'Empire russe à partir de 1654. Elle avait été acceptée par le patriarcat de Constantinople, en 1686, sous forme de concession provisoire et à certaines conditions, notamment le respect du patriarche byzantin comme fondateur de cette Église de Kyiv en 988 et comme son ultime primat[1]. En 2018, à la suite de nombreuses consultations, le patriarche Bartholomée de Constantinople, considérant que ces conditions n'étaient plus respectées, a donc fait le choix d'accorder l'autocéphalie (à savoir la capacité à élire librement son propre chef) à l'Église orthodoxe d'Ukraine[2].

1 The See of Kyiv never transferred to Moscow, Constantin Vetochnikov says - RISU

2 Interfax-Religion

Selon un sondage du 5 août 2022, 72 % des Ukrainiens se considèrent comme chrétiens orthodoxes, et 54 % des personnes interrogées s'identifient à cette Église orthodoxe d'Ukraine, dont le chef est, depuis 2019, le métropolite Epiphani. Cette large majorité est observée dans toutes les régions de l'Ukraine (40 % à l'ouest et 57 % à l'est du pays, ce qui signifie que 46 % des Ukrainiens russophones disent appartenir également à cette Église orthodoxe autocéphale). Par ailleurs, 14 % des Ukrainiens se définissent comme orthodoxes sans mentionner d'affiliation particulière et seulement 4 % disent appartenir à l'Église orthodoxe ukrainienne relevant du patriarcat de Moscou[3].

Le patriarche Kirill, nouvelle figure du Grand Inquisiteur

La situation s'est nettement détériorée pour cette dernière Église depuis que, le 24 février 2022, la Russie a décidé d'élargir sa conquête de l'Ukraine à tout le pays.

En l'espace de trois mois plus de 400 paroisses ont décidé de passer de l'Église orthodoxe ukrainienne du Patriarcat de Moscou (EOU) à l'Église orthodoxe autocéphale d'Ukraine (EOAU). Ce qui a conduit le métropolite Onuphri, l'actuel chef de l'EOU, à convoquer un synode le 27 mai 2022. Ce synode d'évêques a pris la décision de couper ses liens avec le patriarcat de Moscou et de retirer de ses statuts tout lien canonique avec l'Église russe. Cette décision a provoqué la colère de Kirill Goundiaïev, patriarche de Moscou qui, en retour, a décidé de punir l'Église ukrainienne en rattachant à sa juridiction directe

3 L'OCU est soutenu par 54 % des Ukrainiens, UOC-MP 4 % - Le sondage KIIS | Ukrayinska Pravda

toutes les provinces ukrainiennes occupées par l'armée russe, et notamment les diocèses de Crimée, de Donetsk et de Louhansk.

Il est clair que la perte totale d'influence de l'Église russe sur 80 % du territoire ukrainien représente un cinglant échec pour le patriarche Kirill, lui qui faisait, lors de son élection en 2009, de la propagation du « monde russe », l'une de ses priorités[4]. Le patriarche n'a pourtant pas ménagé ses efforts pour soutenir et encourager la guerre menée par l'armée russe en Ukraine. Au point que le Conseil européen a décidé de le sanctionner en juin 2022, décision qui a été suspendue in extremis en raison d'une intervention de Victor Orban mais qui, en revanche, a été mise en application par le Royaume-Uni.

Non seulement Kirill Goundiaïev n'a pas condamné l'annexion de la Crimée en 2014 mais il a multiplié les déclarations de soutien à la nouvelle offensive russe en Ukraine depuis février 2022. La veille même de la nouvelle invasion de l'Ukraine, le 23 février, jour du « Défenseur de la patrie », il a même béni les forces armées[5]. Le 6 mars 2022, à l'occasion du dimanche du Pardon qui marque,

4 Comment le patriarche de l'Église orthodoxe russe s'est-il radicalisé ? – Observatoire (cnrs.fr)

5 « Chaque soldat qui a prêté serment doit être prêt, si la Patrie en a besoin, à aller défendre son peuple. Notre peuple n'a aucun doute que c'est ainsi que l'armée russe a été élevée, que vous êtes venus remplacer vos pères et grands-pères héroïques, des générations héroïques de défenseurs de la Patrie. Et que Dieu accorde cet amour pour la Patrie, la disponibilité au sacrifice de soi, la disponibilité à toujours défendre votre pays et votre peuple sont intrinsèquement présents dans votre esprit et vos cœurs. Du fond du cœur, je vous souhaite un ciel paisible, un service calme et, en même temps, le maintien d'une disponibilité constante à défendre votre Patrie. Joyeuses fêtes à vous ! »
У День захисника Вітчизни Святіший Патріарх Кирил поклав вінок до могили Невідомого солдата біля Кремлівської стіни / Новини / Патріархія.ru (patriarchia.ru)

dans le calendrier orthodoxe, l'entrée dans le grand carême 40 jours avant la fête de Pâques, le patriarche Kirill n'a pas hésité à reprendre les thèses du Kremlin selon lesquelles le pouvoir ukrainien se livre à un « génocide » contre les habitants du Donbass. On sait pourtant que ce sont des soldats russes qui ont annexé la Crimée et déstabilisé le Donbass jusqu'à proclamer la sécession des républiques auto-proclamées de Donetsk et de Louhansk[6]. Mais le patriarche n'accorde aucune attention aux propos d'Igor Guirkine, cet officier du GRU qui a admis, à plusieurs reprises, avoir été commandité par le Kremlin en Ukraine entre janvier et juillet 2014. Kirill ajoute ceci :

« Tout ce que je dis n'a pas seulement une signification théorique ou spirituelle. Il y a actuellement une vraie guerre autour de ce sujet. Qui attaque l'Ukraine aujourd'hui, où la répression et l'extermination des habitants du Donbass se poursuivent depuis huit ans ; huit ans de souffrance, et le monde entier reste silencieux – qu'est-ce que cela signifie ? Mais nous savons que nos frères et sœurs souffrent vraiment ; en outre, ils peuvent souffrir pour leur fidélité à l'Église. Et donc aujourd'hui, en ce dimanche du pardon, moi, d'une part, en tant que votre berger, j'appelle tout le monde à pardonner les péchés et les offenses, y compris là où il est très difficile de le faire, là où les gens sont en guerre les uns contre les autres. Mais pardonner sans justice, c'est une capitulation et une faiblesse.[7] »

Il a également expliqué que cette guerre était un conflit métaphysique contre les forces du Mal.

« Tout cela indique que nous sommes entrés dans

6 A. Arjakovsky, *Occident-Russie: comment sortir du conflit ?*, Paris, Balland, 2017

7 Версия для печати / Патриаршая проповедь в Неделю сыропустную после Литургии в Храме Христа Спасителя / Патриарх / Патриархия. ru (patriarchia.ru)

une lutte qui n'a pas de signification physique, mais métaphysique. Je sais comment, malheureusement, les orthodoxes, les croyants, qui choisissent la voie de la moindre résistance dans cette guerre, ne réfléchissent pas à tout ce à quoi nous pensons aujourd'hui, mais suivent docilement le chemin que les puissants de ce monde leur indiquent. Nous ne condamnons personne, nous n'invitons personne à monter sur la croix, nous, nous disons simplement : nous serons fidèles à la parole de Dieu, nous serons fidèles à sa loi, nous serons fidèles à la loi de l'amour et de la justice, et si nous voyons des violations de cette loi, nous ne nous humilierons jamais avec ceux qui détruisent cette loi, brouillant la frontière entre la sainteté et le péché. Et encore moins avec ceux qui promeuvent le péché comme modèle ou comme l'un des modèles du comportement humain.[8] »

Le patriarche a précisé en quoi cette guerre était métaphysique et pourquoi l'Occident était le vrai responsable de la persécution des Ukrainiens du Donbass :

« Pendant huit ans, il y a eu des tentatives de détruire ce qui existe dans le Donbass. Et dans le Donbass, il y a un rejet, un rejet fondamental des soi-disant valeurs qui sont maintenant offertes par ceux qui revendiquent le pouvoir mondial. Aujourd'hui, il existe un test de loyauté envers ce gouvernement, un certain laissez-passer à ce monde « heureux », le monde de la consommation excessive, le monde de la « liberté » visible. Et vous savez quel est ce test ? Le test est très simple et en même temps terrible – c'est la gay-pride. Les exigences imposées à beaucoup d'organiser un défilé de la fierté gay sont un test de loyauté envers ce monde tout puissant ; et nous savons que si des

8 Версия для печати / Патриаршая проповедь в Неделю сыропустную после Литургии в Храме Христа Спасителя / Патриарх / Патриархия. ru (patriarchia.ru)

gens ou des pays rejettent ces demandes, ils n'entrent pas dans l'autre monde, ils y deviennent étrangers.[9] »

La réaction du monde chrétien contre le patriarcat de Moscou.

Le pape François a raconté dans un entretien avec le quotidien italien *Corriere della Sera* (publié mardi 3 mai), la teneur de son entretien vidéo du 16 mars avec le patriarche Kirill :

« Les vingt premières minutes, un papier à la main, il m'a lu toutes les justifications de la guerre. J'ai écouté et j'ai dit: "Frère, (...) nous ne pouvons pas utiliser le langage de la politique, mais le langage de Jésus. (...) Nous devons chercher des moyens de paix, arrêter le bruit des armes."[10] » Le pontife romain, longtemps favorable à l'ostpolitik traditionnelle du Vatican à l'égard de l'Église russe, demande aujourd'hui au patriarche Kirill de ne pas devenir « l'enfant de chœur de Vladimir Poutine[11] ». L'attitude du patriarche Kirill a également choqué le président Emmanuel Macron qui l'a sévèrement critiqué

9 Версия для печати / Патриаршая проповедь в Неделю сыропустную после Литургии в Храме Христа Спасителя / Патриарх / Патриархия.ru (patriarchia.ru)

10 Kirill, « l'enfant de chœur de Poutine » (la-croix.com

11 L'Ostpolitik (« la politique vers l'Est » en allemand), désigne la politique étrangère mise en œuvre par Willy Brandt en tant que chancelier social-démocrate (SPD) de l'Allemagne de l'Ouest (RFA) de 1969 à 1974. Cette politique consiste à normaliser les relations avec l'Union soviétique, l'Allemagne de l'Est (RDA) et les autres pays d'Europe de l'Est afin d'assurer une paix et une sécurité durables en Europe. Ce type à une stratégie d'apaisement qui consiste à vouloir dialoguer avec Moscou au détriment des puissances régionales qui sont sous domination de la Russie. Elle a été adoptée par le Vatican dans les années 1970, contestée par Jean-Paul II, premier pape à se rendre en Ukraine, mais a finalement été réactivée sous les papes Benoît XVI et François au détriment de la présence catholique en ex-URSS.

à Rome le 23 octobre 2022 lors du rassemblement de la Communauté Sant Egidio[12].

Par ailleurs un grand nombre de théologiens orthodoxes ont publié une lettre pour expliquer que les théories du patriarche russe représentent une pure hérésie[13], expression reprise par le cardinal Kurt Koch, président du Conseil pontifical pour la promotion de l'unité des chrétiens au Vatican[14]. Des experts de l'œcuménisme ont également adressé une lettre au Concile œcuménique des Églises pour lui demander de suspendre la participation de l'Église russe au sein de cette institution :

« Le monde des sermons du patriarche Kirill est celui des "faits alternatifs". La guerre menée par la Russie en Ukraine, dans le Donbass depuis 2014 (suite à la Révolution de la Dignité), avec des militaires russes sans insignes et en armant des forces séparatistes, une guerre qui a coûté plus de 14 000 vies (ONU) jusqu'à fin 2021, est décrite comme un soulèvement légitime de la population russophone, occasionné par l'attaque de puissances étrangères, d'un Occident maléfique, contre la civilisation chrétienne en terre russe. Dans cette rhétorique, les prétendues menaces contre les valeurs traditionnelles (droits des homosexuels et défilés homosexuels organisés en Ukraine) justifieraient l'anéantissement de la vie humaine et la dévastation de l'Ukraine. (...) Dans son sermon du 21 juin donné aux militaires blessés à l'église Saint Luc de la clinique militaire centrale Vishnevsky (à Novy, Krasnogorsk), le patriarche Kirill a contesté la

---

12 https://www.ktotv.com/video/00423597/assemblee-inaugurale-sant-egidio-le-cri-de-la-paix.

13 L'Orthodoxie-la-Russie-et-l'Ukraine-Déclaration-sur-le-Monde-russe-13-mars-2022-Rev2.pdf (publicorthodoxy.org)

14 Cardinal Koch : « L'attitude du patriarche Kirill est une hérésie » – Portail catholique suisse

croyance chrétienne fondamentale selon laquelle Dieu est amour (contrairement à 1 Jean 4,8.16). Se référant à la représentation de l'Archange Michel en tant que guerrier et commandant en chef (archistratège), le patriarche a de nouveau évoqué le combat des soldats russes dans le cadre d'une lutte métaphysique, « la lutte entre le Bien et le Mal », qui « se déroule à la fois le long des frontières étatiques et le long de nombreuses autres frontières qui divisent la société humaine. » (...) Faire la guerre et conquérir les territoires d'un autre État était ainsi présenté comme une œuvre agréable à Dieu.[15] »

Ces experts de l'œcuménisme n'ont pas eu gain de cause puisque le comité central du COE a fait le choix de maintenir l'Église russe en son sein. Mais l'argument selon lequel le COE est une « plateforme de dialogue » ne pourra être maintenu très longtemps. Car la vocation même du COE consiste à fonder le dialogue sur la base éthique de l'Évangile et donc sur la condamnation de toute guerre d'invasion. En outre, les 350 Églises membres du COE ne pourront souffrir à l'avenir de croiser dans des assemblées et des commissions des hiérarques légitimant les 60 000 soldats et civils morts de part et d'autre en l'espace de six mois, les centaines de milliers de blessés, les plus de dix millions de déplacés, etc. De plus, au 18 juillet 2022, selon les données vérifiées de l'UNESCO, les attaques russes ont partiellement ou totalement détruit 164 sites culturels, dont 72 édifices religieux. Dans les années 1970-1980, le COE s'était battu contre l'apartheid en Afrique du Sud, au point même de mettre une pression très forte sur les Églises qui soutenaient la ségrégation.

15 https://docs.google.com/document/u/0/d/1ErnLAOIiiGr6LszgMWX7hAZTkc4WueQC/

La Conférence des Églises en Europe a également su mettre des limites à l'impérialisme russe en 2008, en soutenant contre les visées du patriarcat de Moscou, l'Église orthodoxe apostolique d'Estonie (une Église autonome qui relève du patriarcat de Constantinople).

Déjà nombre d'éminentes personnalités de l'Église orthodoxe relevant du patriarcat de Moscou demandent l'exclusion du patriarche Kirill du COE comme Andrew Louth, prêtre et théologien britannique[16]. Il relaie auprès du COE la demande des experts œcuméniques de s'efforcer d'entendre la voix des opprimés dans l'Église orthodoxe russe, de défendre les courageux prêtres et croyants de Russie qui se sont prononcés contre la guerre. Ces prêtres et laïcs défendent la vérité ainsi que leurs frères et sœurs ukrainiens dans la foi, risquant ou subissant de sévères châtiments. Ce sont, par exemple, le père Georgy Edelshtein et le père Ioann Burdin de l'oblast de Kostroma, ce dernier condamné à une amende, démis de ses fonctions de prêtre et risquant une peine de prison. Ioann Kurmoyarov, docteur en théologie, démis de ses fonctions de prêtre et emprisonné dans l'attente de son procès, accusé de diffusion de « fausses informations » sur l'armée russe et le père Nikandr Pinchuk, recteur de la paroisse de Saint Siméon Verkhotursky à Verkhoturye. S'y ajoute aussi l'appel courageux et franc des prêtres et diacres de l'Église orthodoxe russe (avec près de 300 signataires), à mettre fin à la guerre fratricide en Ukraine et à un cessez-le-feu immédiat (dimanche sur le Jugement dernier, à la veille du dimanche du Pardon). Plus exposés encore sont les civils, en particulier, les femmes, qui font preuve d'un grand courage en protestant contre la guerre.

16 Should the WCC Expel Patriarch Kirill ? - Public Orthodoxy

Ces laïcs au franc-parler ont fait appel au patriarche Kirill pour qu'il remplisse sa « vocation d'intercesseur auprès des autorités de Russie », pour son « troupeau victime d'actions militaires, pour les personnes privées de leurs maisons et de leurs moyens de subsistance », « d'envoyer une épître à tout le corps de l'Église orthodoxe russe et enfin de condamner publiquement les actes de ceux qui soutiennent l'effusion de sang[17] ».

Tout en promouvant les relations inter-ecclésiales, le COE ne doit pas oublier que l'Église ne peut être simplement assimilée à la hiérarchie, a fortiori à ses représentants coupables de la tragédie actuelle en l'approuvant activement ou en se taisant.

Du point de vue de la métaphysique œcuménique, les relations œcuméniques ne sont pas synonymes de relations diplomatiques avec la hiérarchie d'une Église particulière, mais doivent prendre en compte la foi, l'expérience et la souffrance de toute personne. Kirill Goundiaïev ne l'a manifestement pas compris et sera jugé pour cela.

Antoine Arjakovsky,
Docteur en Histoire,
Directeur de recherche au Collège des Bernardins.
Fondateur de l'Institut d'études œcuméniques de Lviv.

Dernières parutions :

Voyage de Saint-Pétersbourg à Moscou, Anatomie de l'âme russe, Paris, Salvator, 2018.
Essai de métaphysique œcuménique, Paris, Cerf, 2021.
Qu'est-ce que l'œcuménisme ?, Paris, Cerf, 2022.

17 Letter_WCC.docx - Google Docs

6. Les relations OTAN-Russie

11 mai 2017, Fairbanks, Alaska, États-Unis d'Amérique. Monument du Lend-Lease Act représentant les aviateurs de la route aérienne Alaska- Sibérie.

Le Ministre des Affaires Étrangères de la Fédération de Russie, Sergueï Lavrov, dépose une couronne de fleurs, se recueille avant de prononcer un discours commémorant le 75e anniversaire de l'ouverture de la route aérienne secrète Alaska-Sibérie en août 1942 par laquelle les États-Unis fournirent à leur allié des Nations Unies naissantes, l'Union Soviétique, pendant les trois ans de l'accord, les 8 000 avions de guerre commandés : chasseurs, bombardiers, transport de troupes et entraînement. En relayant par les airs le Canada, le Détroit de Behring et la Sibérie, avec les plus grandes difficultés de vol, les équipages américains (jusqu'à Fairbanks ou Nomme) et soviétiques (depuis l'Alaska jusqu'à Krasnoïarsk) permirent à cette armada de rallier le front germano-soviétique à l'opposé de l'anneau boréal sans les retards de l'acheminement naval tout en évitant la détection par le Renseignement japonais. Un exploit historique, partie intégrante du Lend-Lease Act, qui eut un impact décisif sur la capacité défensive soviétique à l'automne 1942 puis, offensive, à partir de l'été 1943, pour défaire la machine de guerre nazie. Le représentant de l'État, héritier de l'Union Soviétique, en visite pour une réunion du Conseil de l'Arctique, est venu réaffirmer une position immuable dans son message : le monde ne se porte jamais aussi bien que lorsque les États-Unis et la Russie s'entendent. Ces périodes au cours desquelles l'anneau circumpolaire de l'hémisphère nord se boucle en un continuum de puissances alliées (Grande-Bretagne-États-Unis-Russie). Lavrov connaît mieux que personne l'histoire de cette relation qu'il a lui-même grandement contribué à façonner depuis sa période d'exercice continu au MID (le Ministère des Affaires Étrangères, d'abord soviétique puis, russe). Son discours regrette une époque qui disparaît.

Pourtant, vingt ans plus tôt, en juillet 1997 au sommet de l'OTAN de Madrid, alors que le statut de Partenaire Pour la Paix (PPP) venait d'être accordé à la seconde République Indépendante d'Ukraine sans aucune opposition de Moscou, une place était proposée au sein de l'OTAN à la Fédération de Russie présidée par Boris Eltsine. Dans un premier temps, il s'agissait d'une coopération dans le programme spatial de l'OTAN en vue d'une harmonisation progressive des structures de Défense afin d'aplanir les différences et les points de désaccord. Cette première offre d'intégration allait échouer à cause du refus russe. La demande émise par plusieurs pays d'Europe centrale, dès 1991, de rejoindre des structures occidentales, qu'il s'agisse de l'adhésion rapide de la Finlande à l'Union Européenne en 1995 ou de la première vague d'élargissements de l'OTAN vers l'Est, est perçue à Moscou comme une perte d'influence politique, économique et stratégique. Infligée au vaincu, le Bloc communiste, par le Camp Occidental. Autrement dit le « qui gagne quoi » dans lequel les Occidentaux profitent d'une faiblesse passagère de la Russie pour en tirer des avantages de supériorité au-delà de l'acceptable.

Avec « l'élection » de Vladimir Poutine à la présidence de la Fédération de Russie en mars 2000, une politique volontariste de redressement national est mise en œuvre, réintroduisant une intervention de l'État en tant qu'acteur des efforts productifs, afin de rétablir la grandeur de la Russie sur la scène internationale. Ce projet de restaurer la souveraineté nationale signifie que la Russie souhaite se donner les moyens et les ressources pour ne pas obéir aux institutions internationales ou aux puissances rivales. Concrètement, l'accent est très rapidement mis sur une restructuration profonde du secteur militaro-industriel qui était jusque-là plongé dans une violente crise existentielle après 1991, entraînant dans sa chute à la fois une perte d'influence sur les marchés extérieurs et une contraction des activités extractives minières à l'intérieur. Ce qui a provoqué une profonde crise sociale avec la fermeture de nombreuses villes minières à travers le pays.

Pour retrouver de la visibilité et une vraie ligne politique, l'État, chef de l'État en tête, ne se fiant plus aux mécanismes de marché trop fluctuants des années 1990, décide des fusions et acquisitions à opérer au sein d'une liste d'entreprises désignées comme stratégiques et d'intérêt national dont le contrôle ne devait pas passer à l'étranger, le besoin de capitaux pouvant exposer les marchés russes à des convoitises extérieures. Émerge alors une logique de souveraineté nationale exclusive, sous contrôle d'institutions étatiques tel Rostek qui regroupe les instituts technologiques et les bureaux d'étude au sein d'une agence de la région de Moscou. Cette logique de contrôle très étroit par Moscou de son appareil productif dans le domaine stratégique est peu compatible avec l'intrication supranationale des intérêts militaires, industriels et politiques des structures de recherche et de production de défense des pays de l'OTAN. Cela seul suffit déjà à expliquer les réticences de l'administration russe à rejoindre et s'impliquer dans un ensemble géographique. Cette alliance historique la contraindrait à ouvrir son marché et, par voie de conséquence, à diluer son leadership. Le partage et l'échange de secrets techniques et technologiques requièrent une confiance réciproque entre des États-membres et surtout sans arrière-pensées.

Pour pallier le manque de technologies de son secteur militaro industriel après une décennie de désinvestissement massif et de mises à l'arrêt de projets avant la présidence de Vladimir Poutine, la Russie, qui ne veut être ni aliénée ni soumise à un ensemble et entend gérer sa politique de sécurité selon ses propres normes, va chercher à nouer des relations industrielles bilatérales avec des partenaires choisis pour leur capacité à ne pas être trop contraignants en termes politiques.

À défaut, donc, d'une adhésion et d'une assimilation de la Fédération de Russie à la sphère des structures de Sécurité et de Défense de l'Atlantique-Nord, un accord est trouvé pour la constitution d'un Conseil commun Russie-OTAN qui sert de forum de discussion, d'observations réciproques et de concertation à tous les niveaux, jusqu'au Conseil de l'OTAN à Bruxelles. Ce Conseil sert donc d'interface entre, d'une part une zone aux contours dynamiques, par l'attraction politique et économique de son modèle (l'OTAN), sorte de bloc fait de morceaux recollés et, de l'autre, un pays-empire, bloc continental à lui tout seul, à la géographie unique au monde qui, malgré tout, a perdu une partie de sa zone d'influence dans son espace. Par l'intermédiaire de pays tels que la Norvège dans la zone arctique, une période de coopération sur des projets d'intérêts et de gestion communs des risques et des crises, incidents et accidents, s'ouvre pour dépasser les nombreux cas de désaccords possibles autour de pays limitrophes qui ont vécu, tour à tour, dans la sphère occidentale et dans la sphère russe (Pays baltes, Pologne, Finlande...). Le problème de Kaliningrad, devenue exclave du territoire russe, apparaît dans ce contexte comme l'une des questions majeures. Des solutions sont alors trouvées pour faciliter le passage par la terre, la mer et par les airs.

Dans ce cadre de la détente Est-Ouest caractérisée par une faiblesse apparente de la Russie, les forces alliées s'investissent dans une réponse de longue haleine à l'attaque terroriste du 11 septembre 2001 contre plusieurs villes majeures de la Côte Est des États-Unis, réponse qui déplace pour une longue séquence les forces de l'OTAN en hors zone, dans le Moyen-Orient, en Afghanistan, puis en Irak. Pendant que la superpuissance américaine lancée en pleine révolution des Affaires Militaires constitue l'ébauche d'une OTAN globale dans les montagnes d'Afghanistan, la Fédération de Russie profite de ce déplacement de la focalisation occidentale vers un ailleurs incertain afin d'identifier un enjeu crucial pour son propre développement dans le cadre de sa politique de souveraineté, enjeu sur lequel les Occidentaux font à ce moment-là l'impasse : l'Océan Arctique et son pourtour, à travers la valorisation et le développement de l'Arctique russe. Alors que les Occidentaux riverains de la zone arctique perçoivent ce domaine géographique comme une zone de basses tensions (« High North-Low Tensions »), la Fédération de Russie va émettre une première revendication territoriale en 2001 sur des secteurs de l'Océan Arctique puis commencer à remilitariser son Arctique à partir de 2007 alors que les Occidentaux peinent à obtenir les résultats souhaités dans les provinces de l'Elmand ou du Panshir afghans, se désintéressant totalement du Grand Nord. En réalité, les Russes prennent une longueur d'avance dans la course au Pôle Nord qui se justifie, dans leur politique, par le fait que la Russie possède la moitié des côtes de l'Océan Arctique, la moitié restante étant répartie entre plusieurs pays occidentaux (Danemark, Norvège, Canada, États-Unis), et que la moitié de la population habitant l'Arctique, vit en Russie, etc. À l'époque, personne ne songe au potentiel offert par l'ouverture accélérée de voies maritimes commerciales viables, sortes d'express entre l'Asie et l'Europe par la route du Nord-Est russe du fait du réchauffement climatique.

Ayant perdu la capacité à enserrer dans une alliance plusieurs pays de sa façade occidentale, la Russie vit mal les transformations militaires qui s'opèrent dans des pays comme la Pologne ou la République Tchèque dont les forces armées se modernisent et se professionnalisent au travers de formations au sein des structures de l'OTAN. Les propositions américaines d'installer des fusées d'interception en Europe Centrale contre une menace terroriste moyen-orientale sont dénoncées comme des provocations, de la même manière que le projet de Sea Basing consistant à installer des lanceurs de missiles stratégiques sur des barges en béton au milieu de la Mer du Nord. Mais ces dossiers restent gérables et négociables entre les parties, comme les premières crises du gaz entre la Russie et l'Ukraine. Quant à la question de l'adhésion de l'Ukraine à l'OTAN, si elle est discutée sur les ondes dès le printemps 2005 après la Révolution Orange et l'élection de Viktor Youchtchenko à la Présidence de l'Ukraine, elle est repoussée à l'horizon 2020...

Alors que le Président américain Barack Obama initie, dès le début de son premier mandat en 2009, une politique de « reset » avec son homologue russe Dimitri Medvedev, politique qui conduit ces deux pays à signer des accords d'amitié, la Russie commence dès 2010 à moderniser ses installations de stockage d'armes nucléaires sur la Péninsule de Kola dans un programme ambitieux couvrant une décennie. Paradoxalement, elle a pourtant ouvert son réseau de transport ferroviaire et celui du Kazakhstan aux troupes américaines, ce qui a permis à celles-ci d'acheminer hommes et matériel (y compris des blindés lourds) jusqu'en Afghanistan à moindres frais et plus sûrement qu'à travers le Pakistan. Cette ouverture russe envers les Américains résout les préoccupations logistiques occidentales dans l'entreprise délicate mais pas encore vouée à l'échec de soutenir la mutation de l'État Afghan en démocratie élective. Cette période de coopération dans la sécurité autour de l'Afghanistan entre 2009 et 2013 semble marquer le point de tension le plus bas dans les relations entre la Russie et le monde occidental incarné par l'Alliance Atlantique. Pour marquer ce point le plus bas concernant la zone arctique, c'est en 2011 qu'est signé après des décennies de désaccord, un traité entre la Russie et la Norvège pour la délimitation de leur frontière commune en Mer de Barents allant de la terre ferme jusqu'au Pôle Nord.

Pourtant, le dossier de la demande russe concernant le Pôle Nord est toujours ouvert auprès de l'ONU avec plusieurs années d'avance sur les demandes occidentales même s'il n'est pas encore validé. Et les points de désaccords commencent à s'accumuler rapidement. Dès 2008, la guerre de Géorgie démontre que la présence militaire américaine dans l'étranger proche russe entraîne une réaction rapide, vive, brutale et très agressive du Kremlin qui désarme son petit voisin du sud au nom d'un « risque d'invasion du territoire de la Fédération de Russie par l'Armée géorgienne ». Cette même année, la constitution, par les pays nordiques, d'une agence commune d'armement et de défense (NORDEFCO) pour des raisons de réduction des coûts d'approvisionnements et de rationalisation de l'appareil de production de sécurité et de défense des pays du nord est perçue comme un signal très négatif à l'égard de Moscou de la part de pays jusque-là neutres et sous contrôle (alors même que leurs budgets de défense vont continuer à diminuer jusqu'en 2014).

2013 va marquer le grand tournant : les Occidentaux se retirent progressivement d'Afghanistan, ayant par trop perdu le soutien politique local pour miser à long terme sur le succès de leur démarche. Le soutien qu'ils accordent par contre à la contestation de l'Euromaïdan en Ukraine, ce refus catégorique de la population de rejoindre l'Union Eurasiatique, ce projet d'union politique par lequel Moscou tente de re-formaliser des liens de puissance avec son voisinage direct, va entraîner la fermeture des réseaux ferrés russes et kazakhs aux troupes occidentales d'Afghanistan, au prix d'une évacuation très inconfortable de ses forces. La présence occidentale à Kaboul est désormais définitivement vouée à l'échec.

La prise illégale de la Crimée par l'invasion de forces militaires russes, en mars 2014, et l'annexion de cette péninsule à la Fédération de Russie en moins d'un mois, impossible à reconnaître par les instances internationales, entraînent d'insolubles problèmes de Droit international. La Crimée devient, techniquement parlant, une zone de non-droit où seule domine la force brute, sans convention entre des entités légales. L'État Central de la Fédération de Russie semble s'installer définitivement, pour des années, dans cette situation de non-droit qu'elle valide d'une façon qui semble lui convenir.

Officiellement, les Occidentaux ne réagissent pas immédiatement. Mais ils vont se lancer dans un grand nombre de mesures de réorganisation et de réarmement dont l'intensité va aller croissant. Le relèvement des budgets militaires étant constant pour atteindre des niveaux de dépenses approchant ceux de la Guerre Froide. La première de ces mesures, pas du tout anecdotique, est la fermeture du Conseil OTAN-Russie et la fin du régime d'échanges d'informations stratégiques et d'exercices d'entraînement de troupes en commun comme, par exemple, autour de la Mer Noire.

Pour citer un autre exemple : la guerre de 2022 contre l'Ukraine a fait connaître au grand public le nom du camp d'entraînement de Yavoriv. Ce vaste complexe militaire entre la frontière polonaise et la ville de Lviv a, en fait, été ouvert en 2002 et pendant de nombreuses années, les activités qui s'y déroulaient n'ont guère posé de questions. Mais à partir de l'annexion de la Crimée et de la guerre du Donbass initiée par des séparatistes avec le soutien de la Fédération de Russie au printemps 2014 dans la zone qualifiée par Kyiv de ATO (Anti-Terrorist Operation), les Britanniques, aidés des Américains et des Danois, vont débuter un programme de formation tactique des troupes terrestres et des forces spéciales ukrainiennes de plus en plus conséquent jusqu'au début de l'invasion du territoire ukrainien du 24 février 2022. De la même manière, dès 2014, les Marines US commencent à réinvestir en Norvège des installations militaires datant de la Guerre Froide et à re-moderniser les capacités d'accueil en réactivant notamment leur programme expéditionnaire de pré-positionnement de matériels et de munitions ainsi que la logistique indispensable pour couvrir de longues distances jusqu'à ces destinations arctiques.

De son côté, enrichie, des années durant, par la forte hausse du prix des hydrocarbures, la Russie s'est lancée dans un programme d'investissement militaire de dix ans (2010-2020) qui la maintient au rang de troisième budget militaire mondial. Budget qui ne correspond en rien à son rang dans l'échelle des puissances économiques. Elle va, par ailleurs, émettre successivement deux nouvelles prétentions territoriales dans l'Arctique auprès des services juridiques compétents de l'ONU en 2015 et 2021, faisant monter toujours davantage les enjeux dans la région du Grand Nord.

Les tensions vont aller croissant tout le long de l'axe de l'Atlantique Nord : en mars 2018, des sous-marins nucléaires d'attaque russes font surface à l'entrée de la principale base de la Marine Américaine en Atlantique, à Norfolk en Virginie, prenant les défenses côtières américaines par surprise. Ce grave incident de sécurité entraîne l'État-major de la Marine Américaine à réactiver la Seconde Flotte qui fut celle de l'Atlantique Nord pendant la Guerre Froide et qui avait été démantelée suite à la baisse des tensions. L'administration russe a consacré tous ses moyens pour développer une flotte sous-marine surpuissante, efficace et moderne. La lutte anti-sous-marine redevient donc une priorité américaine. Elle est aussi relancée puissamment, en partenariat avec les pays de l'Alliance Atlantique volontaires et disposés à jouer un rôle dans cette expertise, en vue de répondre aux enjeux de la 4e Bataille de l'Atlantique qui, selon des responsables de la Marine américaine, a commencé et dont l'enjeu principal est le contrôle du passage du GIUK (Groenland-Islande-Royaume Uni) et du passage du GIUN (Groenland-Islande-Norvège).

La Russie, désireuse de maintenir son statut de puissance mondiale c'est-à-dire d'interlocuteur unique face à la puissance américaine, chef de la coalition occidentale, doit développer une approche géographique de ses mouvements de projection de forces stratégiques qui forcément interfèrent avec la puissance occidentale formalisée à travers la structure atlantique de l'OTAN. Or, l'OTAN est une région de cette rivalité : la doctrine américaine articule la zone Pacifique à la zone Atlantique par l'Océan Arctique, rendant inévitable la confrontation avec les intérêts russes dans cette région. En effet, entre 2007 et 2022, la Russie a remilitarisé son Arctique dans des proportions considérables : cinquante bases militaires russes enserrent l'Arctique russe dans un réseau très avancé vers le Pôle qui a servi jusqu'à présent à des tâches de protection d'un périmètre revendiqué mais qui pourrait remplir des tâches plus offensives de projection vers l'Amérique du Nord ou le Groenland faiblement défendu.

Le départ définitif d'Afghanistan des troupes de l'OTAN en septembre 2021 dans une apparence de débâcle humiliante, dont la Russie est en grande partie l'artisan, marque un repli de ces mêmes troupes sur la zone spécifiquement OTAN, son domaine défensif par définition, le périmètre du bassin de l'Atlantique Nord. Ce repli implique aussi une plus grande concentration de moyens et de forces dans cette zone et sur les métiers et expertises qui lui sont liés: domaine maritime et grand froid.

L'évolution récente des relations entre OTAN et Russie montre une progressive montée aux extrêmes, retenue, différée, contenue. D'étranges canaux de négociations plus ou moins parallèles et indirects sont maintenus dans une situation de moins en moins formalisée afin d'éviter le pire dans un contexte de mauvaises relations durables. Le soutien militaire, civil, financier et humanitaire qu'accordent un certain nombre de pays de l'OTAN à une Ukraine agressée sans justification constitue un motif de tension selon Moscou.

À présent, des routines mises en place au cours des vingt dernières années pour gérer au quotidien des questions qui n'avaient trouvé ni de règlement, ni de solution du fait de leur complexité et des réticences réciproques, comme l'exclave de Kaliningrad (mais il en existe d'autres moins connues) sont redevenues des zones de tensions à risque entre blocs qui peuvent conduire à des incidents graves et des situations de friction ou de confrontation directe entre la Fédération de Russie et des pays de l'OTAN bénéficiant des garanties de l'article 5.

À ce jour, aucun élément de détente dans les zones de contact terrestres, maritimes, aériennes, spatiales entre la Russie et l'Alliance Atlantique ne semble se faire jour : le niveau de tension sur les sujets de discorde ne peut aller que croissant jusqu'à un possible point de rupture...

Cyrille Clément,
Observateur du monde slave.

Parution précédente :

Co-auteur de *L'Ukraine au cœur*, sous la direction d'Hélène Blanc, Magna Europa éditeur, 2018.

7. Système Poutine, le chant du cygne ?

« Ce qu'on est en train de vivre, c'est la mort cérébrale de l'OTAN », déclarait Emmanuel Macron à l'hebdomadaire *The Economist* dans un entretien publié en novembre 2019. Ce que nous sommes en train de vivre maintenant c'est la résurrection de l'OTAN grâce à Poutine.

Nous nous trouvons à présent dans une situation qui est la conséquence de la grande naïveté des dirigeants occidentaux. L'arrivée au pouvoir de l'agent du KGB Poutine il y a plus de vingt ans aurait dû nous alerter, l'invasion de la Géorgie en 2008, l'annexion illégale de la Crimée en 2014, tout cela est une suite logique de reconquête de l'espace soviétique. Les dirigeants politiques européens doivent mettre fin aux guerres de Poutine. Le dirigeant russe veut soumettre l'Europe, détruire l'OTAN, écraser le modèle démocratique. Une nouvelle bipolarité se dessine, les régimes démocratiques contre les régimes autoritaires. Ce sera un combat à mort car, si nos démocraties privilégient les valeurs humanistes et le dialogue, les régimes autoritaires et les dictatures ne privilégient que la force.

Nous sommes en janvier 2023. Il est clair que Poutine va et veut faire déborder le conflit en y impliquant la Biélorussie par exemple et en menaçant les Etats baltes. Son rêve est la restauration des frontières européennes de l'URSS et aussi de son glacis de protection en Europe de l'Est. L'influence russe dans les Balkans avec, notamment, l'ouverture d'un bureau des forces Wagner en Serbie et les manipulations dans la république serbe de Bosnie-Herzégovine sont des foyers de tensions qui pourraient s'allumer rapidement. Le fait que les chefs d'Etat et de gouvernement de l'UE, réunis le jeudi 15 décembre à Bruxelles, ont formellement approuvé l'octroi du statut de candidat à la Bosnie-Herzégovine constitue une excellente nouvelle pour contrecarrer cette influence russe en ex-Yougoslavie.

La politique poutinienne en Afrique reprend les discours anti-occidentaux de la Guerre froide avec, notamment, l'utilisation de l'époque coloniale comme argument de base de sa haine construite contre l'Occident en oubliant au passage l'histoire colonisatrice de la Russie...

Le conflit ukrainien a déjà débordé par l'aide des démocraties occidentales à l'Ukraine mais ce qui risque d'arriver c'est un débordement bien plus grave où le théâtre des combats pourrait devenir le continent européen. L'objectif de Poutine d'envahir l'Ukraine n'a pas changé car il a besoin d'elle pour que la Russie reste une puissance impériale en Europe. S'il gagne en Ukraine, il ne s'arrêtera pas ! Il ne peut pas perdre en Ukraine car cela serait sa fin politique et dans sa course en avant il se voit dans un combat contre l'OTAN et l'Occident. Il ne peut pas perdre contre l'Ukraine mais une défaite contre un Occident réuni serait pour son ego une fin plus glorieuse. Sa propagande ne peut l'amener que dans la surenchère car il n'a plus d'autre choix que la fuite en avant.

La seule puissance occidentale qu'il respecte sont les USA, le moindre sommet, la moindre rencontre avec le Président américain soigne son complexe d'infériorité et lui sert dans sa propagande à faire croire (et à se faire croire à lui-même) au retour des temps de l'URSS.

La pensée et la stratégie nihiliste de Poutine ne s'arrêteront qu'avec le retour à la dure réalité de la Russie et de son peuple loin des cérémonies sur la guerre patriotique et de l'histoire réécrite par un système d'autant plus dangereux qu'il est à bout de souffle.

Olivier Védrine
Géopolitologue,
Rédacteur en chef du journal d'opposition *Russian Monitor.*
Membre du bureau de la plateforme d'opposition
Matin de février.

Dernières parutions :

Crises et régulations – Singularité et insuffisance des institutions – Olivier Guissard et Olivier Védrine, Éditions universitaires européennes, juillet 2021

L'avenir de l'Europe se joue maintenant – Olivier Védrine – Tribune de Genève (Suisse) – 19.05.2020

What conference on the "future of Europe"? – Olivier Védrine – openDemocracy – 11 May 2020

8. Ukraine : l'Afghanistan de Vladimir Poutine ?

« La guerre en Ukraine continuera jusqu'à la défaire totale de la Russie. Nous avons déjà perdu. Le reste est une question de temps » affirme Igor Gourkine sur son Compte Telegram de 430000 abonnés. Cet ex-colonel des services de renseignement est également un ancien commandant des forces pro-séparatistes en Ukraine en 2014.

Les ultra-nationalistes sont de plus en plus en colère à cause du fossé qui se creuse entre la ligne officielle et les réalités sur le terrain...

« Il faut que nous fassions quelque chose à propos de ce système dans lequel nos leaders n'aiment pas nous annoncer de mauvaises nouvelles et où les subordonnés ont peur de fâcher leur patron » écrit encore Alexander Kots, un journaliste pro-guerre.

Ukraine : le grand tournant

Quelle que soit la suite des évènements, le 12 septembre 2022 aura marqué un changement profond dans la situation militaire des deux camps. Le retrait russe du nord-est de l'Ukraine produira sans nul doute des effets en Russie dans les cercles du pouvoir, la hiérarchie militaire et la société civile.

Une initiative militaire surprise

Le président Zélensky et les autorités militaires ukrainiennes ont annoncé durant l'été 2022 que le front sud, avec la libération de Kherson et la libération de la Crimée constituaient les objectifs premiers de libération du territoire occupé.

Tenant compte de ces déclarations, l'État-Major russe a donc renforcé ce front sud en faisant appel à des forces du front nord, dégarnissant ainsi ce dernier. S'il a été, en permanence, fait référence à la guerre de l'information depuis le début du conflit, nul ne s'attendait à ce que les Ukrainiens réussissent à leurrer les stratèges russes de cette façon.

L'offensive préparée depuis la région de Karkhiv a vu l'armée ukrainienne reprendre, en moins d'une semaine, 6 000 km² du territoire occupé par les forces russes. Ces dernières ont abandonné derrière elles, un grand nombre de chars, de véhicules blindés, et des stocks de munitions qui ne manqueront pas d'être utilisés contre leurs anciens détenteurs.

Cette contre-offensive surprise a permis à l'armée ukrainienne de reprendre la ville de Koupiansk, important carrefour ferroviaire et logistique pour les troupes russes, qui y recevaient les convois de ravitaillement expédiés directement depuis la Russie.

Les conséquences de cette reconquête sont plus que nombreuses. Elles concernent aussi bien le savoir-faire militaire ukrainien que la dynamique du conflit, et les répercussions en Russie même.

On ne peut que s'étonner de ce que la « machine de guerre russe » ait été bernée si facilement. Qu'elle n'ait pas pu détecter, malgré les énormes moyens d'observation dont elle dispose, aériens et spatiaux, la concentration des troupes ukrainiennes, l'augmentation de leur volume de communication. Ce qui signifie qu'elle ne dispose pas en territoire ukrainien d'observateurs capables d'identifier de pareils mouvements et ce, à quelques dizaines de kilomètres seulement de ses propres frontières ! Difficilement croyable...

En outre, les troupes russes n'ont montré aucune réelle capacité de résistance au combat, chose étonnante là encore. À l'évidence, cela confirme le faible niveau du moral des soldats russes, qui ne savent toujours pas pourquoi ils se battent. À l'absence de motivation s'ajoutent, très probablement, d'autres carences du côté ravitaillement, militaire et alimentaire, et de la coordination opérationnelle.

Malgré la supériorité aérienne russe, écrasante en nombre d'appareils de tous types par rapport à l'armée ukrainienne, celle-ci s'est trouvée nullement inquiétée par l'aviation russe au cours de cette semaine de reconquête. Difficilement croyable de la part d'un pays qui depuis des années essaie d'impressionner le monde entier par l'importance et le nombre de ses manœuvres militaires, y mobilisant plusieurs centaines de milliers de soldats selon les communiqués officiels du ministère russe de la défense.

Cette contre-offensive marque l'entrée du conflit dans une 3ème phase, après l'invasion initiale, et la seconde étape du repli, puis de la concentration des forces russes vers le Donbass et la région de Kherson. Mais au-delà des phases qui se succèdent, il faut donner la priorité à une variable qui très probablement fera la différence : la durée, le temps... !

Initialement conçue par le Kremlin comme une opération militaire spéciale, cette invasion voulait prendre le contrôle de l'État ukrainien, présidence et institutions. En conséquence, le plan devait se dérouler sur une courte période, quelques jours, voire quelques semaines. L'ensemble du dispositif militaire avait été formaté sur le schéma de guerre éclair, donc sur un volume réduit du corps de bataille, 150 000 hommes environ, géographiquement très dispersés, en incluant un réseau logistique sous-dimensionné.

Au fil du temps, on voit apparaître de nombreuses fissures dans la structure de l'appareil militaire russe.

Les conséquences de la guerre sur l'appareil militaire

Tout d'abord il faut noter la grande rotation des responsables de cette « opération militaire spéciale ». On observe une valse des chefs d'Etat major relevés de leur commandement sans véritables résultats sur le terrain.

De plus, le ministre de la Défense, Sergueï Shoïgou, très proche de Vladimir Poutine, a perdu beaucoup de son crédit tout comme Valeri Guerassimov dont on a pu croire au limogeage, à travers sa disparition de tout évènement officiel.

À travers ces changements, on peut discerner que le Kremlin essaie de piloter les opérations directement depuis le Centre de Contrôle de la Défense Nationale en évitant ainsi de déléguer les opérations à un seul chef d'Etat-major. Le contrôle du politique sur le militaire ne serait-il pas un héritage de l'Union Soviétique ?

Il s'est donc développé des fissures à l'intérieur de l'appareil militaire, c'est-à-dire des rivalités et des tensions avec l'appareil politique, essentiellement dues aux lacunes opérationnelles cumulées, amplifiées par la durée du conflit.

À cette fissure en haut de la structure militaire s'ajoute celle de la base, au niveau des combattants eux-mêmes. Les témoignages abondent, tant par des interceptions téléphoniques, des lettres de soldats à leur famille ou encore le témoignage de combattants qui ont réussi à quitter les combats et leur pays, tel celui de Pavel Filatiev, membre du 56ème régiment des gardes aéroportés. Basé à Féodossia, en Crimée, il a été appelé à combattre dès le premier jour en participant au mouvement vers Kherson.

Réfugié en France, il a publié, sous le titre « ZOV », un recueil des épreuves qu'il a endurées : « Deux mois de boue, de faim, de froid, de sueur et de sensation de mort. C'est dommage qu'ils ne laissent pas les journalistes venir sur la ligne de front. Le pays (la Russie) ne peut voir les nôtres, mal lavés, sales, maigres, et aigris. »

Ces quelques lignes suffisent à faire comprendre le désarroi total des soldats russes, parfois appartenant à des régiments expérimentés, mais placés face à une incroyable impréparation opérationnelle d'un conflit de cette ampleur. Ce profond sentiment d'être oublié par cette même hiérarchie militaire, qui lui demande le sacrifice de sa vie, aura de profonds retentissements à l'intérieur même de la Russie, et de son pouvoir politique, dans les temps à venir.

Un corps expéditionnaire de 150 000 hommes représente autant de familles, et donc des millions de personnes qui entendront parler de cette réalité par les acteurs de terrain, et non plus par les organes et les représentants de la propagande officielle.

Il est clair que les combattants russes sont désemparés. Ils ont l'impression de se battre sans raison valable contre un peuple frère.

Cette opération, conçue pour une durée limitée, ne devait donc poser aucun problème à la société russe. L'appareil de propagande affichait une puissance largement suffisante pour faire face à une période difficile de quelques semaines.

Mais la réalité, des hommes et du combat n'a pas rejoint celle imaginée par le Kremlin avant le conflit. Moscou avait imaginé une opération de « libération », mais s'est heurtée à une farouche résistance de la population. Les contre-attaques de septembre-octobre 2022, ont obligé Vladimir Poutine à amplifier le format de ses forces, et à lancer une mobilisation partielle.

Le piège de la mobilisation

L'armée russe a déclenché la guerre en Ukraine. La mobilisation partielle en Russie va, comme un boomerang, déplacer la guerre de l'Ukraine au cœur de la société russe. Elle va lui donner l'occasion de faire entendre sa voix.

Cette mobilisation a créé une agitation nouvelle déstabilisant la société russe, manifestations et exil, une mobilisation générale, aboutirait à une crise intérieure, plus profonde encore...

La jeunesse russe ne veut pas mourir dans une guerre qui n'est pas la sienne. Cette guerre purement idéologique, mais relevant d'une idéologie partagée seulement par une partie de la population, ne trouve aucune justification dans la population russe profonde.

Une question se pose : au nom de quoi, tuer mon semblable ukrainien ?

Ce refus massif n'est pas seulement le fait des jeunes. Les familles s'y associeront. Comme l'a crié une mère lors d'une manifestation à Moscou : « Je ne LEUR donnerai pas la vie de mon fils ! »

Une guerre sans motivation est un conflit perdu pour une armée. Une guerre sans motivation légitime, sans but, peut être refusée par un pays. La puissance de la propagande a ses limites. Cette propagande repose sur des idées de papier, bâties par de pseudos élites, donc minoritaires; la guerre, elle, dépend du sang du peuple qui, lui, est, majoritaire...

Le déclenchement d'une guerre par un pouvoir autiste, aveuglé par son idéologie, peut agir comme un boomerang contre ses initiateurs.

En effet, la guerre en Ukraine peut être la décision de trop pour Vladimir Poutine, voire même au-delà. Le déclenchement, décidé par le Kremlin, de la guerre en Afghanistan a contribué à la chute de l'empire soviétique; le déclenchement, voulu, de la guerre en Ukraine peut contribuer à une déstabilisation profonde de toute la Russie, voire à l'éclatement de la Fédération.

Vladimir Poutine a ouvert une boîte de Pandore qui déclencherait le début de sa propre fin... Parviendra-t-il à la refermer? Quoi qu'il en soit, ce conflit fait bouger les plaques tectoniques.

Une période nouvelle, funeste, s'est ouverte pour les citoyens russes, qui ne prendra fin qu'avec le changement de pouvoir, et le départ, d'une façon ou d'une autre, de Vladimir Poutine. En dépit de la constitution qui lui permet de rester au pouvoir jusqu'en 2036, les présidentielles de 2024 pourraient le désavouer. Divers évènements défavorables pourraient significativement avancer sa date de départ...

Si la situation à l'intérieur de la Russie se dégrade, son image à l'extérieur, et sa capacité d'intervention dans sa traditionnelle zone d'influence, s'affaiblissent également.

L'éloignement des anciennes républiques soviétiques

L'invasion de l'Ukraine a déclenché un recul dans les pays proches qui entretenaient encore des liens significatifs avec Moscou.

Tel est le cas de l'Arménie, dont la sécurité extérieure est triplement dans les mains du Kremlin. Tout d'abord un traité lui assure l'intervention des forces armées russes en cas de mise en danger de sa sécurité. Elle accueille sur son sol trois bases militaires russes. Enfin son sort vis-à-vis de son puissant voisin azerbaïdjanais dépend du bon vouloir du Kremlin. La guerre entre les deux pays et la défaite de l'Arménie, avec une intervention russe très tardive, a laissé de profondes cicatrices. Bakou a profité de la totale implication russe en Ukraine pour frapper à nouveau son voisin arménien. En septembre 2022, Erevan a reçu, pendant trois jours, la visite de Nancy Pelosi, la très active présidente de la Chambre américaine des représentants. Par ailleurs, les Etats-Unis possèdent dans ce pays leur plus grande ambassade de la région du Caucase. La nature géopolitique a horreur du vide...

Le même processus d'éloignement s'avère également significatif avec le Kazakhstan qui, en janvier 2002, a pourtant vu l'arrivée sur son sol de plusieurs milliers de soldats russes venus participer au rétablissement de la paix civile, après de sanglantes émeutes. Depuis, le président Tokaïev continue de s'éloigner, à la fois, de son prédécesseur et des options du Kremlin. Grande a été la surprise quand on a su qu'il avait accepté une manifestation de soutien au régime... ukrainien. Il a de plus validé l'envoi de produits médicaux vers l'Ukraine, par transport aérien vers... la Pologne.

L'influence du Kremlin semble également faiblir en Asie centrale puisque le Tadjikistan et le Kirghizstan se sont affrontés au prix d'une centaine de morts, toujours en septembre 2022, sur fond de querelle de frontières et d'accès à des ressources en eau. Pas d'intervention russe, ni de médiation. Il est vrai que la frontière russe est éloignée de près de 2,000 km...

Obnubilée par sa frontière occidentale, la Russie paraît beaucoup moins attentive envers le Caucase et l'Asie... Cette Asie qui lui a réservé, par allié ou partenaire interposé, de mauvaises surprises.

Les prises de distance chinoise et indienne

Dans son balancement stratégique vers l'Asie, la Russie s'enorgueillit de ses liens toujours plus importants et stratégiques avec Pékin. Or, la Chine manie les questions de territorialité et de frontières avec d'infinies précautions, tant ses propres problèmes au Tibet et à Taïwan sont, sur ce point, délicats.

En septembre 2022, lors de la réunion à Samarkand de l'OSC (Organisation de la Coopération de Shanghai), Vladimir Poutine n'a pas bénéficié d'un soutien chinois vis-à-vis de son invasion de l'Ukraine. Il a été conduit à remercier la Chine pour son soutien « équilibré ». Ce n'est certainement pas d'un soutien équilibré dont il rêvait mais d'un soutien plein et entier. Mais l'importance des questions de frontière pour Pékin passe avant son soutien « indéfectible » à Moscou...

Première déconvenue pour Vladimir Poutine lors de cette réunion en Ouzbékistan, une seconde allait survenir avec la position de l'Inde.

Lors d'une rencontre avec le premier ministre indien Modi, ce dernier a directement exprimé à son interlocuteur russe et ce, devant les caméras de la presse internationale, que « l'heure n'est pas à la guerre ». Nul ne s'attendait à une déclaration aussi directe de son « partenaire indien », et certainement pas Vladimir Poutine.

Inde et Chine, représentant 2,8 milliards d'hommes, 40 % de l'humanité, venaient de faire comprendre au président fauteur de guerre qu'ils ne le soutenaient pas, et qu'ils ne le suivaient pas dans sa transgression violente des frontières. Ukrainiennes.

L'organisation de quatre référendums dans des territoires qui ne sont pas les siens, ne peut que compliquer les rapports du Kremlin avec les deux géants asiatiques. Quid de l'idée d'un référendum à Taïwan… ? Un cauchemar pour Pékin !

Le divorce du peuple et de son dirigeant

Quel que soit l'endroit où l'on tourne le regard, la décision de Vladimir Poutine d'envahir l'Ukraine ne fait que compliquer la situation de la Russie.

C'est bien sûr radicalement le cas avec le camp occidental. Inutile d'insister sur les dégâts diplomatiques et économiques, à long terme, entre Moscou, Bruxelles, Londres et Washington. Difficile de ne pas mentionner l'OTAN. Ennemi juré, cause indirecte de ce conflit meurtrier, la guerre russo-ukrainienne aboutit paradoxalement à l'extension de l'OTAN par la double demande d'adhésion de la Suède et de la Finlande. Vladimir Poutine obtient un résultat totalement inverse à ce qu'il souhaitait. Il se refusait à admettre une frontière commune de la Russie avec un pays, l'Ukraine, rejoignant l'OTAN. Il va obtenir 1,300 km de frontière otanienne, via la Finlande…

La décision d'envahir l'Ukraine est donc, pour la Russie, un gigantesque fiasco géopolitique, vis-à-vis de ses voisins, à commencer par l'Ukraine, dont l'inimitié, pour ne pas dire la haine à l'égard du régime, du peuple russe, n'est certainement pas prête de s'éteindre… La guerre a aussi soudé les Ukrainiens derrière leur président et réveillé l'Union européenne.

Le conflit est loin d'être terminé, et les évènements à l'intérieur de la Russie sont loin d'être prévisibles.

Le pays attendait certainement tout autre chose des dernières années de Vladimir Poutine. Le ralentissement économique avait commencé à se faire sentir dès 2013, donc avant les évènements de l'EuroMaïdan, et l'annexion de la Crimée. Depuis, le niveau de revenu réel moyen s'est affaissé, l'âge de la retraite a reculé de cinq ans, le taux de TVA a augmenté de 2 %, sans parler de l'inflation, au-dessus des 15 %, et de l'envolée des prix...

Le pacte socio-politique non écrit entre Vladimir Poutine et ses concitoyens a volé en éclat. Il consistait pour le pouvoir à rendre au peuple sa fierté d'être russe, et à élever son niveau de vie. En échange les Russes acceptaient une limitation de leurs libertés fondamentales. Le bilan du règne de Poutine est l'enrichissement indécent du clan présidentiel et une corruption sans limites.

Ce pacte, déjà bien malmené (la croissance économique moyenne des huit dernières années s'établissant à 0,5 % !) vient de voler en éclat. Vladimir Poutine avait un rêve, rester dans l'histoire comme le nouveau Messie qui réintégra l'Ukraine dans la Fédération de Russie. A-t-il compris qu'il ne pourra pas le réaliser ? Qu'il a perdu l'Ukraine à jamais ?

Les citoyens russes, eux aussi, avaient un rêve différent : se sentir à nouveau fiers d'être russes et voir leur niveau de vie s'élever. Ils constatent qu'ils ne le réaliseront pas.

Que reste-t-il à faire quand deux partis sont définitivement déçus l'un par l'autre ? Sinon divorcer...

Gérard Vespierre
Géopolitologue.
Directeur-fondateur de www.le-monde-decrypte.com

9. La Chine est totalement responsable de cette guerre…

Des fascistes qualifiant d'autres personnes de « fascistes », c'est du fascisme poussé à son extrême illogique, un véritable culte de la stupidité. C'est le dernier moment où l'incitation à la haine déforme la réalité et la propagande devient une pure persistance. Pratique de base de Poutine.

Le philosophe américain Jason Stanley nomme cette attitude : « la subversion de la propagande ». Moi, je l'ai baptisée « schizofascisme ».

Les Ukrainiens, eux, ont une formulation plus élégante. Ils l'appellent simplement du « racisme ».

Cela fait plusieurs décennies que Timothy Snyder mène des recherches sur le totalitarisme et le nationalisme en Europe de l'Est. Professeur d'histoire à l'Université de Yale, il est également l'auteur de plusieurs livres célèbres qui révèlent les pages les plus sombres de l'histoire de l'Ukraine, de la Biélorussie et de la politique coloniale de la Russie.

Dès les premiers jours de l'invasion russe en Ukraine, Snyder expliquait le phénomène de ce colonialisme russe à un public occidental. Mais en plus d'une brillante connaissance de l'histoire, on peut aussi ressentir, dans ses textes, une incroyable empathie pour la résistance ukrainienne.

Début septembre 2022, Snyder s'est rendu à Kyiv pendant quelques jours pour assister à la conférence internationale Yalta European Strategy (YES) où il a accepté de s'entretenir avec Ukraïnskaya Pravda.

Dans cette interview, le célèbre historien parle du rôle de la Chine dans la guerre contre l'Ukraine, il réfléchit sur la propagande et explique pourquoi la résistance ukrainienne lui rappelle la littérature.

— Hier, j'ai eu l'occasion de lire votre dernier article dans « Affaires étrangères ». Vous partez du fait que cette guerre « établira les principes du XXIe siècle ». Que pensez-vous que ces principes pourraient ou devraient être, et en quoi diffèrent-ils de ceux du XXe siècle ?

— Ces trente dernières années ont été une époque sans principes, où les gens qui veulent de bonnes choses – la liberté et la démocratie – étaient convaincus que ces choses sont données automatiquement par l'histoire. Le problème est que si vous ne choisissez pas la liberté, ce n'est pas la liberté. Si vous pensez qu'on vous l'a donnée, alors ce qu'on vous donne n'est pas la liberté. Vous devez choisir par vous-même.

Un autre problème est que si vous pensez que les grandes puissances vous donnent de bonnes choses, vous ne vous demandez pas quelles sont ces bonnes choses, et vous pouvez commencer à penser : quoi que les grandes puissances m'apportent, ça doit être la liberté, ça doit être une démocratie. Même quand ce n'est pas le cas.

Et dans un certain sens, la Russie moderne est le résultat de cette façon de penser. Elle se qualifie elle-même de « démocratie ». Et qui dira que ça n'en est pas une ? Or, il est évident qu'il n'en est rien.

Donc la chose principale que j'essaie de dire est que si nous voulons avoir la liberté et la démocratie, nous devons commencer par le fait que nous le voulons vraiment, que ce sont de bonnes choses, que nous avons des principes.

Ainsi, la guerre contre la Russie est-elle aussi une guerre contre l'idée que « tout ce qui arrive est bon, quoi qu'il arrive ».

La résistance ukrainienne est un rappel très utile pour nous tous, car le président ukrainien et les autres Ukrainiens ont bien articulé les valeurs pour lesquelles l'Ukraine se bat. La nature de la liberté et de la démocratie est que si vous les avez, cela vous permet de choisir ce que toutes les autres bonnes choses peuvent être.

— Mais y a-t-il un scénario où cet ensemble de principes est anti-démocratique ?

— Oui bien sûr. Il peut y avoir un monde sans démocraties. Les États-Unis peuvent cesser d'être une démocratie. Si la Russie gagne cette guerre – je ne pense pas qu'elle le fera, mais si c'est le cas – cela mettra plus de pression sur les démocraties européennes. La Chine, par exemple, travaille activement contre la démocratie.

Donc, quand les Ukrainiens disent qu'ils se battent pour d'autres nations, qu'ils se battent pour l'Europe, pour l'Occident, pour le monde libre, je pense que c'est vrai.

C'est vrai dans le sens où lorsque vous avez un pays comme la Russie qui non seulement s'oppose philosophiquement à la démocratie dans le monde, s'y oppose non seulement par la propagande, mais mène une véritable guerre contre la démocratie, vous êtes entré dans un territoire très dangereux. Et la seule façon de changer cela est de gagner la guerre.

Vous ne pouvez rien faire de plus : vous devez gagner la guerre.

Cette guerre est un tournant non seulement pour l'Ukraine, la Russie ou l'Europe, c'est un tournant pour l'idée de démocratie en général. Parce que les Ukrainiens articulent des valeurs, d'une part, et aussi parce que, s'ils perdent, non seulement un pays est perdu, mais aussi l'idée que certaines choses valent la peine d'être défendues.

Car si la Russie gagne, alors au nom de quoi gagnera-t-elle ? La guerre russe est entièrement basée sur des mensonges. Les principes russes dans cette guerre sont des anti-principes. Ses déclarations sont faites dans le but de saper les principes des autres.

La guerre est basée sur une série constante de mensonges. S'ils gagnent, cela signifie que mentir devient encore plus naturel.

Cette guerre est basée sur l'abus cynique constant des institutions internationales. Si les Russes gagnent, cela devient normal.

Il s'agit donc d'affirmer des valeurs, d'arrêter la Russie, mais aussi de percevoir que quelque chose de mieux est possible.

Les Chinois et les Russes croient que l'histoire est de leur côté. Ils pensent que tout ce que nous faisons est vide, hypocrite et naïf, mais si l'Ukraine gagne la guerre, alors ce n'est pas vide, hypocrite et naïf. Cela signifiera que nous le pensons vraiment et que nous sommes capables de réaliser les choses auxquelles nous croyons.

— Vous avez utilisé le mot « valeurs » plusieurs fois. Comment ces principes dont vous parlez sont-ils liés au concept de « valeurs occidentales » ?

— La valeur n'est une valeur que lorsque vous essayez de la réaliser dans le monde et que vous êtes prêt à sacrifier quelque chose pour cela. Si je vous dis que je viens de l'Occident, que je sais ce que sont les « valeurs occidentales », et que vous ne le savez pas, ce n'est pas une question de valeurs.

La valeur est ce que vous incarnez et ce pourquoi vous prenez des risques. Et c'est en fait une tradition intellectuelle est-européenne très puissante, que l'on peut voir, par exemple, chez Vaclav Havel.

Mais je le vois aussi dans la façon dont Zelensky parle. Les bonnes choses sont des choses pour lesquelles vous êtes prêt à prendre des risques. Sinon, ce n'est pas la peine d'en parler.

Alors quand je parle de valeurs, je ne dis pas que j'ai toutes les valeurs et que je vais vous dire ce qu'elles sont. Ce que je veux dire, c'est qu'il y a beaucoup de bonnes choses dans le monde, et la liberté est la capacité de choisir parmi ces choses. Et la démocratie est un système politique dans lequel cette liberté est possible. Et cette idée de base remonte aux anciens Grecs, jusqu'à Périclès et son oraison funèbre.

Je n'essaie pas de dire que c'est ainsi que l'Occident se comporte toujours ou que l'Occident a quelque chose à dire à l'Ukraine dans ce sens.

Ce qui est intéressant à propos de ce moment, c'est que l'Ukraine rappelle à l'Occident une certaine partie fondamentale de sa propre tradition, à savoir que la démocratie n'est pas quelque chose qui vient du grand monde, et ce n'est pas quelque chose qui vient parce que vous dites du bien de vous-même. C'est quelque chose qui surgit parce que vous vous battez pour elle. Parce que si vous ne vous battez pas pour cela, très bientôt ce ne sera plus une démocratie.

— Dans cette situation mondiale, comment, selon vous, le rôle de l'ONU ou de l'UE évolue-t-il ?

— Je crois que l'organisation la plus importante pour l'Ukraine est l'Union européenne. Et je crois que les Ukrainiens avaient raison lorsqu'ils ont pris des risques pour le bien de l'Union européenne en 2013 et 2014.

La raison pour laquelle l'Union européenne est si importante est que sa structure même permet à l'État post-impérial de survivre et de prospérer. Ce n'est pas l'histoire que racontent les Européens, mais c'est une histoire vraie.

Presque tous les États membres de l'UE sont des États post-impériaux, qu'ils aient été le centre ou la périphérie de l'empire. L'UE crée un cadre dans lequel ces États post-impériaux peuvent s'épanouir : les gens peuvent se déplacer librement, commercer librement, avoir de larges conversations sur l'histoire, sur les valeurs.

L'Ukraine doit devenir membre de l'UE. C'est dans l'intérêt de tous. C'est dans l'intérêt de l'Ukraine, car l'Union européenne crée de meilleurs États. Nous avons dit beaucoup de bien de l'Ukraine, mais cet État a de nombreux problèmes et l'UE peut faire en sorte que les États fonctionnent mieux.

D'autre part, l'Union européenne, bien qu'elle ne s'en rende pas compte, représente aussi la fin de l'impérialisme, représente que les pays impériaux perdent les guerres. Si la Russie gagne cette guerre, c'est une menace directe pour l'UE, car elle remet l'impérialisme au centre de la politique européenne.

L'UE est une alternative à l'impérialisme, jusqu'à présent la seule qui réussisse vraiment. Il est donc dans l'intérêt de l'UE que l'Ukraine gagne cette guerre, tout comme l'Ukraine doit rejoindre l'UE.

— Dans votre livre « Terres de sang : l'Europe entre Hitler et Staline », vous écrivez sur le territoire des États baltes à l'Ukraine. Cependant, on voit que les peuples qui viennent de ce territoire ont eu des destins bien différents. Quelqu'un était plus prêt à se battre pour la liberté, et quelqu'un, comme le Belarus, était moins prêt. Quelle est votre opinion là-dessus ?

— Tout change. L'Ukraine de 2022 n'est pas celle de 1992, lorsque j'étais ici pour la première fois. C'est un pays totalement différent.

Et le Belarus sera peut-être un pays complètement différent dans trente ans. Il est important de garder cette possibilité ouverte. À mon avis, le Belarus s'est retrouvé dans la situation impériale la plus difficile du XIXe siècle. L'ensemble de son territoire est passé sous l'Empire russe.

Cela ne semble pas être un avantage, mais l'Ukraine était divisée entre deux empires. Lorsque les choses ont mal tourné en Russie dans les années 1860 et 1870, de grands penseurs ukrainiens ont eu l'occasion d'aller en Galice, à Lviv. Les Polonais étaient divisés entre trois empires, ce qui semble une tragédie, mais cela signifie aussi que l'un d'eux était parfois plus libéral que les autres.

Tout le Belarus était sous l'Empire russe et, en tant que partie de l'Union soviétique, il a été particulièrement touché par la terreur des années 1930. Minsk a alors été en grande partie détruite et le Belarus a souffert plus que tout autre pays de la Seconde Guerre mondiale, encore plus que l'Ukraine, plus que la Pologne. Cette souffrance a également touché de manière disproportionnée les classes éduquées bélarussiennes. Et puis le Belarus a été reconstruit comme une sorte de république soviétique, avec une énorme migration de la population russophone de toute l'Union. Voici quelques-unes des raisons.

Il y a deux ans, le Belarus était sur le point de renverser le régime de Loukachenko, la majorité des Bélarussiens ont voté pour quelque chose de complètement différent. Ce n'est pas que le pays soit si éloigné des attitudes ukrainiennes. Il est évident que les Bélarussiens préféreraient avoir la démocratie. S'il y avait une démocratie bélarussienne, je suis sûr que la politique étrangère de ce pays serait complètement différente. Mais ils font construire ce régime par un politicien habile, au pouvoir depuis un quart de siècle. Il y a donc des limites historiques, mais en même temps il y a de l'espoir.

— Vous avez également mentionné la Chine. Quel rôle la Chine jouera-t-elle dans cette guerre et comment son rôle changera-t-il à l'avenir ?

— Tout d'abord, la Chine a permis cette guerre : elle est responsable de cette guerre. Le gouvernement chinois est vraiment mauvais pour prendre ses responsabilités. Il préférerait prétendre qu'il ne prend aucune décision, que toutes les décisions sont prises par les Américains. Mais dans le cas de cette guerre, l'Amérique a essayé de l'arrêter, mais n'a pas pu. Et les Chinois n'ont pas essayé de l'arrêter, alors qu'ils en ont eu l'opportunité.

Au lieu de cela, Poutine a reçu l'autorisation de mener cette guerre en février. Et puis quand elle a commencé, ils auraient pu l'arrêter, mais ils ont juste laissé faire. Donc la Chine est fondamentalement responsable de cette guerre.

— Pourraient-ils l'arrêter en persuadant Poutine ?

— Je ne pense pas qu'ils soient capables de prendre une décision indépendante sur une chose de cette ampleur. Je pense que les Chinois ont soutenu la guerre des trois jours. Je pense qu'ils croyaient à la version d'une guerre de trois jours, que tout se terminerait rapidement, et que l'Occident n'aurait pas le temps de faire quoi que ce soit. À présent, la guerre continue depuis de longs mois. Bientôt un an.

Bien sûr, la Chine n'a rien à voir avec la Russie, elle la considère comme une sorte de colonie. Maintenant qu'il y a une guerre, ils n'aident pas la Russie parce qu'ils se soucient davantage des consommateurs américains que de Poutine.

Il est avantageux pour la Chine que la Russie s'affaiblisse : cela ne fera que faciliter le contrôle de ce pays. C'est le piège dans lequel la Russie et la Chine sont maintenant tombées. Les Chinois n'ont aucune raison d'aider la Russie car cela nuirait à la Chine. Or, à long terme, ils veulent exploiter les ressources naturelles de la Russie, et cette guerre leur facilite la tâche...

Timothy Snyder

propos recueillis par Andriy Boborykine, UP
https://www.pravda.com.ua/articles/2022/09/15/7367504/

Troisième Partie

Le Monde ukrainien

1. Kyïv- (Kiev) - Histoire de l'Ukraine

Pourquoi avoir repris un entretien qui pourrait paraître ancien ? Il nous semblait important que le lecteur puisse découvrir la véritable histoire de l'Ukraine.

HB

En Europe occidentale, et plus particulièrement en France, nombre d'intellectuels et d'ecclésiastiques persistent à croire que la ville de Kyïv (Kiev) était la capitale d'un « premier État russe » et qu'Anne de Kyïv (Kiev), reine de France, l'épouse d'Henri Ier, était une princesse russe.

Cette contrevérité aberrante résulte de l'audience accordée à la conception de l'histoire de la Russie propagée par les milieux politiques et religieux russes animés d'un expansionnisme impérialiste dangereux portant atteinte à la liberté et à l'existence même d'une nation voisine de la Russie.

Elle perpétue aussi fort à propos une erreur historique volontaire, fâcheuse au regard de l'histoire et de la géopolitique de notre continent au moment de la construction de l'Union européenne et de ses futures perspectives d'élargissement. Version trop complaisamment admise par les opinions dirigeantes des pays ouest-européens dont, notamment, la France.

Une brève exposition des faits historiques permettra de mieux comprendre les origines très différentes de l'Ukraine et de la Moscovie-Russie.

Polanes, Antes et Rous

Dans la *Chronique des temps passés* attribuée au moine Nestor, il est écrit que le prince Kyï (lire Kéï) était le fondateur de la ville de Kyïv (Kiev). En tenant compte du contexte international des Ve et VIe siècles, les historiens en déduisent que Kyï était très vraisemblablement une figure historique réelle du VIe siècle. Et qu'il était le chef (prince) de l'union des tribus polanes. Ce prince fit plusieurs campagnes contre Byzance, négocia en 530 avec l'empereur Justinien Ier, lui proposant de protéger les frontières septentrionales de l'empire byzantin contre l'expansion des Slaves. Mais, après l'échec des pourparlers, Kyï abandonna les territoires danubiens et se replia en terre polane dans la ville qui porte son nom[1] encore aujourd'hui.

L'historien ukrainien Mykhaïlo Y. Braïtchevskyi, se référant aux textes des historiens byzantins du VIe siècle souligne que « ... *les écrivains byzantins appelaient les Polanes du nom d'Antes, et ces Polanes sont directement liés à la Rous'. Leur rôle dans la formation de la Rous' fut déterminant* »[2].

La *Rous'* était donc, originellement, le pays des Polanes. D'ailleurs *la Chronique des temps passés* mentionne que, parmi les tribus slaves orientales, la plus importante était celle des « *Polanes que l'on nomme aujourd'hui Rous'* »[3].

M. Braïtchevskyi en conclut que : « *La Rous', ce phénomène historique nouveau, remplaça l'Union polane (ante) lorsque celle-ci éclata. Il s'est créé sur les ruines de celle-ci une nouvelle Union polane dans de nouvelles limites territoriales* », toujours dans la vaste région de Kyïv,

1 Voir N. F. Kotliar, S.V. Koultchytskyi, *Kiev ancienne et moderne*, Kiev, Politizdat de l'Ukraine, 1982, pp. 15-21.

2 M. Yu. Braïtchevskyi, *Les origines de la Rous'*, Kiev, 1968, p. 163.

3 *Œuvres complètes des annales russes*, (PCRL), Moscou, 1962, vol. 1, p. 25, vol. 2. p. 18.

capitale de l'actuelle Ukraine[4]. Il existe des indications concrètes selon lesquelles les termes de *Rous', Rhos, Ros,* synonymes donnés au Pays de Kyïv ou plus précisément au Pays des Polanes, étaient largement connus au IXe siècle[5]. Ils devaient déjà l'être dès le VIe siècle.[6]

M. Braïtchevskyi estime, lui, que la nouvelle union étatique appelée Rous' apparut au VIIe siècle.[7]

Dans un autre écrit d'époque, il est mentionné qu'une attaque des *Rous'* eut lieu, en 813, contre l'île d'Egine en mer Egée et, qu'en 883, une ambassade du prince des *Ros* (*Rous'*) arriva à Constantinople mais, vu la situation dangereuse qui régnait sur les côtes de la Mer Noire, l'empereur byzantin leur enjoignit de rentrer en *Rous'* en passant par l'Europe occidentale.[8]

Les termes « Rous' » et « Ukraine »

En 988, le prince de Kyïv (Kiev) Volodymyr (Vladimir) le Grand, après avoir fait baptiser ses fils, les membres de son conseil, les nobles (boïars) et la population de Kyïv, fit du christianisme la religion officielle de son État.[9]

Mais quel était au juste cet État ?

Nous avons déjà vu que, selon la Chronique, « *les Polanes, que l'on nomme aujourd'hui Rous'* »[10] vivaient sur le Dnipro (Dniepr) moyen, autour de Kyïv. La chronique évoque une

4 M. Yu. Braïtchevski, *Les origines de la Rous'*, op. cit., Kiev, 1968, p. 163.

5 P. N. Trétiakov, *Aux origines du peuple vieux russe*, Léningrad, 1970, p. 14.

6 I. M. Chékera, *Les relations internationales de la Rous' de Kiev*, Rome, 1997, Annales Bertiani Hannover, 1883, pp. 19-20.

7 M. Yu. Braïtchevski, *Les origines de la Rous'*, op. cit., p. 16.

8 I. M. Chékera, *Les relations internationales de la Rous' de Kiev*, op. cit., p. 25.

9 Ibidem, p. 17, p. 35

10 M. Yu. Braïtchevski, *Les origines de la Rous'*, op. cit., p. 162.

dernière fois ces Polanes en 944[11], c'est-à-dire peu avant l'adoption du christianisme. Après 944, l'appellation tribale disparaît complètement au profit du nom étatique de *Rous'*.

Le terme « *Terre rous'* » (*Rous'ka zemla*) est employé pour la première fois en 852. À partir de 912, les deux termes – « *Rous'* » et « *Terre rous'* » – sont utilisés couramment mais, parfois, dans un sens différent : *Rous'* désignant la métropole tandis que « *Terre rous'* » s'appliquant plutôt aux possessions. L'analyse détaillée des textes de la *Chronique* montre qu'à cette époque et jusqu'aux XIIe-XIIIe siècles (selon nous plus exactement jusqu'aux XIIIe-XIVe siècles), le nom de « *Rous'* » désignait exclusivement le Pays de Kyïv (la ville et sa région), c'est-à-dire le territoire des Polanes et des autres tribus autour de Kyïv. Puis, comme le constate M. Braïtchevskyi, la *Rous'* engloba « *la région du Dniepr moyen avec Kyïv, Tchernihiv (Tchernigov), Pereïaslav et les territoires leur appartenant* »[12].

Ceci est confirmé par plusieurs historiens russes.

P. N. Tretiakov écrit : « *Un État est-européen commença à se former ici, longtemps (un à deux siècles) avant l'apparition des Riurikides*[13] *à Kiev. Il est apparu dans cette partie du Dniepr moyen qui s'appelait Rous'. Longtemps encore, jusqu'aux XII*e*-XIII*e *siècles, cette région seule a porté le nom de « Rous' » ou « Terre rous' »*[14] *(...) «La Rous' » n'était que le Pays de Kiev, où vivaient les Polanes que l'on nomme maintenant Rous' »* »[15].

11 P. N. Trétiakov, *Aux origines du peuple vieux russe*, Léningrad, 1970, p. 73.
12 Ibidem, pp. 73-74.
13 M. N. Tikhomirov, L'origine des termes Rous' et Terre rous', dans « *Ethnographie soviétique* », vol. 6-7, 1947, pp. 60-80 ; P. N. Trétiakov, op. cit.
14 Cité par P. N. Tretiakov, p. 74.
15 Ibidem, p. 73.

Son confrère M. N. Tikhomirov écrit également : « *Le nom de « Rous' » est l'antique nom du Pays de Kiev, Pays des Polanes* »[16].

De même, M. D. Priselkov et A. N. Nassonov écrivent que *le Pays de Rous'* « *est cette région située aux alentours des trois villes : Kiev, Tchernihiv et Pereïaslav rous'kyï* »[17].

Pour résumer, citons encore P. N. Tretiakov : « *De nombreux témoignages dans les chroniques prouvent que, jusqu'à cette époque (XIIe-XIIIe siècles,) ni les terres de Novgorod, ni celles de Smolensk, ni celles de Rostov et Souzdal, ni celles de Galicie- Volhynie, n'étaient appelées Rous'* »[18].

En d'autres termes, à l'époque du baptême de Kyïv, et même après, seule la partie centrale de l'actuelle Ukraine portait le nom de *Rous'*. Les autres territoires de l'Empire n'étaient que des possessions de Kyïv, tout comme la Gaule n'était qu'une possession de Rome, un territoire dans l'Empire romain.

Pour ce qui est des limites territoriales, des historiens situent la *Rous'* entre les villes actuelles de Novhorod Siverskyi au nord (qu'il ne faut pas confondre avec la ville de Novgorod, au nord du lac Ilmen et au sud de Saint-Petersbourg, dans la région baltique), Kremianets à l'ouest (à l'ouest du Horyn, dans l'actuelle région de Ternopil, en Galicie) et Krementchouk sur le Dnipro (Dniepr) au sud[19].

16 Ibidem, p. 76.

17 Voir M. I. Martchenko, *Histoire de la culture ukrainienne*, Kiïv, 1961, p. 69.

18 R. I. Ivanessov, Problèmes de l'histoire de la langue russe, in « *Problèmes de la formation du peuple et de la nation russes* », Moscou-Léningrad, 1958, p. 176.

19 Continuator Reginanis - MGH SS, vol. 1, p. 624 ; *Kronika Thitmara*, Poznan, 1953 ; Roger Hallu, Anne de Kiev, Reine de France, Rome, 1973, pp. 43-44.

À cette époque, il n'y avait aucune autre *Rous'*. Et c'est précisément cet État-métropole, la *Rous'*, qui changea son nom en celui d'Ukraine.

Le nom d'« Ukraine »

Le nom « *Ukraine* » apparaît pour la première fois en 1187 dans *la Chronique d'Ipatiev*. Depuis cette date, il est utilisé pour désigner plusieurs régions de l'actuelle Ukraine. Utilisé pour un territoire qui n'appartenait ni à la Russie, ni à la Pologne, ce nom ne voulait nullement dire « confins » de ces États ! Il prit la signification de « pays », « notre pays ».

Dès les XIVe-XVIe siècles, et plus particulièrement au cours des XVIe-XVIIe siècles, les termes « *Ukraine* » et « *peuple ukrainien* » s'emploient parallèlement au terme « *Rous'* », puis s'étendent peu à peu vers les territoires de Galicie et de Volhynie.[20]

C'est la raison pour laquelle les historiens ukrainiens considèrent tout naturellement que Kyïv était la capitale de l'Ukraine médiévale et qu'en 988, c'est l'Ukraine et non la Russie qui a adopté le christianisme. Ils considèrent également que l'histoire de la Rous' est celle de l'Ukraine et non pas de la Russie.

Notons qu'à l'époque, l'État des princes de Kyïv ne portait pas le nom de « *Rous' de Kiev* », comme on a pris l'habitude de le dire, mais s'appelait tout simplement « *Rous'* ». Les termes « *Rous' de Kiev* » et « *Russie de Kiev* » ont été inventés et imposés plus tard par des historiens russes, surtout à partir du XIXe siècle. En effet, s'il avait jadis existé une « *Russie de Kiev* », ce territoire devrait faire partie de la Russie tsariste et par conséquent de la Russie soviétique ou de la Russie actuelle...

---

20 op. cit., vol. 1, pp. 34-36, p. 50, p. 52.

Rous' - Ruthénie

Le monde extérieur donnait à l'État *Rous'* différents noms, plus ou moins invraisemblables et parfois même ridicules.

Dans un texte daté de 959, la princesse Olha (Olga) était appelée en latin *Regina Rugorum*.

D'autres chroniques allemandes et particulièrement celle de Thietmar de Mersebourg, évoquent l'ambassade des *Rusciae gentis* (des gens roussénes). À propos du mariage de la fille de Iaroslav le Sage avec le roi de France Henri Ier (19 mai 1051), les sources occidentales contemporaines et ultérieures nomment le prince de Kyïv : *Rex Ruthenorum* (le roi des Ruthènes), mais aussi *Rex Rugorum, Rex Rusicorum, Rex Ruticorum, Rex Rusulorum, Rex Sclavorum, Rex Rabastiae*, etc.[21]

Ajoutons que les Annales Augustines appellent, en 1104, la princesse kiévienne Eupraxie, malheureuse épouse de l'empereur Henri IV, *Rutenorum Regis filia* (la fille du roi de Ruthénie)[22].

Un auteur du milieu du XIIe siècle, mentionnant l'une des filles du prince de Kyïv, utilise les termes de *Rutenorum seu Chyos Régis filia* (la fille du roi de Ruthenie ou de Kyïv)[23].

Ces dénominations n'avaient absolument rien à voir avec la Russie qui se formera plusieurs siècles plus tard. Par contre, le terme de Ruthène est parfaitement acceptable et l'on peut donc affirmer qu'Anne de Kyïv était une Ruthène.

En effet, la *Chronique des temps passés* mentionne souvent la dénomination ethnique – « *rousséne* » ou « *Roussyn* » (en polonais « *Rusin* »), notamment dans les traités de 911 et 944 avec Byzance. Plus tard,

21 L. V. Tchérepnine, *Les conditions historiques de la formation du peuple russe avant la fin du XVe siècle*, op. cit., p. 88.
22 MGH, SS, vol. III, p. 133 ; vol. VI, p. 207.
23 MGH, SS, vol.XX, p. 259 ; Otto, Bischof von Freising, *Chronik oder die Geschichte der zwei Staaten*, Berlin, 1960, S. 536.

lorsqu'elle parle du premier métropolite de Kyïv, nommé en 1051, qui n'était pas grec, elle dit « *Ilarion, roussène* »[24] (le Ruthène Ilarion). Son appartenance ethno-étatique est donc ici bien soulignée. C'est cette même désignation ethnique de « *rousséne* », traduite en latin par « *Ruthène* », qui était utilisée en Rous', donc en Ukraine, qui s'est maintenue jusqu'en 1939 et, tout particulièrement, en Ukraine occidentale.

En résumé, la *Rous'*, c'est-à-dire l'Ukraine médiévale, était appelée en latin *Ruthenia*. C'est pourquoi certains historiens ukrainiens contemporains traduisent avec raison le terme de *Rous'* par celui de *Ruthénie*[25]. Cependant, ils le font très timidement car les Russes n'apprécient pas cette traduction et font pression pour que l'on traduise en français ou en anglais « *Rous'* » par « *Russie* »[26]. Cette habitude persiste dans les milieux intellectuels

24 Cf. Elie Borschak, *La légende historique de l'Ukraine, Istorija Rusov*, Paris, 1949.

25 Voici quelques exemples de traduction erronée, imposés par les Russes, de textes ukrainiens ou russes. Dans le livre de M. Kotlar et S. Koultchytskyi (édition française: Kiev, 1983) cité au début, non seulement les noms des auteurs ont été transcrits à la manière russe, mais le terme ukrainien Rous' a été partout traduit par Russie. De même dans la traduction française du livre de B. A. Rybakov (Moscou, 1964) intitulé Les débuts de la Russie (édition française: Moscou, 1966), le terme Rous' est toujours traduit par Russie et toute l'histoire de la Rous' est présentée comme les débuts de l'histoire de la Russie. Même chose dans le roman Eupraxie de P. Zagrebelny où les termes Rous' et Roussène sont traduits par Russie et Russe (édition française, 1984).

26 L. V. Tchérepnine, *Les conditions historiques de la formation du peuple russe avant la fin du XVe siècle*, op. cit., p. 88. Il est à noter toutefois que les adjectifs rous' et rouskéï pouvaient parfois être utilisés dans le sens d'appartenance à la confession orthodoxe byzantine dont le métropolite avait son siège à Kiev jusqu'en 1299, avant de s'installer à Vladimir puis, à Moscou, en 1325.

français et ouest-européens en général et se retrouve aussi, malheureusement, dans les manuels scolaires.

Moscovie - Rossia - Russie

La Russie n'est donc pas née à Kyïv : le berceau du peuple russe et de l'État russe, comme le soulignent certains historiens russes, « *était la région de Rostov-Souzdal, sur la base de laquelle s'est formée plus tard l'État russe...* ». C'est dans cette région, devenue indépendante de Kyïv (donc de la *Rous'*) en 1132-1135, que s'est formée la Principauté de Moscovie (la ville de Moscou elle-même a été fondée en 1147), ouvrant une étape décisive dans la formation de la future Russie.

Ainsi la Moscovie-Russie naquit et se développa en dehors de la *Rous'*.

Soulignons par ailleurs que l'adjectif « *rous'kéï* », dérivé de *Rous'*, qui fut utilisé dans la chronique de l'époque, n'avait rien à voir avec l'adjectif « russe », dérivé du terme « *Rossia* » (nom de la Russie actuelle). Le nom « *Rossia* » n'est apparu que vers la fin du XVe siècle, d'abord comme un terme purement livresque, l'État portant toujours le nom de Grande Principauté de Moscou ou de Moscovie. Le nom *Rossia* est devenu officiel à partir du règne de Pierre Ier.

En conclusion, les termes *Rous'* et *Russie* se rapportent à deux États différents, deux réalités historiques différentes, deux époques différentes et deux peuples différents.

Wladimir Kosyk
Historien

2. Crimée : la riche histoire d'une petite péninsule

La Crimée est une péninsule de 27 000 km^2, attachée, au nord, à la côte méridionale de l'Ukraine par l'isthme de Pérékop. Elle est baignée à l'ouest et au sud par la mer Noire, à l'est par la mer d'Azov. Sa pointe orientale, la presqu'île de Kertch, est séparée de la côte caucasienne du nord-ouest par le détroit de Kertch reliant ces deux mers.

La plus grande partie du territoire est recouverte d'une steppe herbeuse. Le long des côtes méridionales se dressent les monts de Crimée, qui culminent à 1 500 m.

Les vestiges archéologiques de la Préhistoire annoncent ce qui a été ensuite une donnée constante de l'histoire de la Crimée : ses liens avec les steppes d'Ukraine méridionale et avec le Caucase du Nord.

Les Taures des sources grecques, qui ont laissé le nom de « Tauride », étaient probablement la population aborigène, mais leur identité demeure controversée. À partir du début du Ier millénaire av. J.-C., la péninsule fut généralement divisée en deux zones : les steppes, dominées par des pasteurs nomades, le littoral et les montagnes accueillant des populations sédentaires et agricoles – dont des nomades refoulés par les vagues suivantes et sédentarisés. Pour la période antique, il faut citer trois grands ensembles de langue iranienne issus du monde nomade : les Scythes (VIIe-IIIe siècles av. J.-C., puis les « Scythes tardifs » sédentaires des IIIe siècle av. J.-C. – IIIe siècle apr. J.-C.), les Sarmates (peut-être dès le IIIe siècle av. J.-C.), les Alains (à partir du IIIe siècle de notre ère). La colonisation grecque débuta avec la fondation de Panticapée (Kertch) au début du VIe siècle av. J.-C. En 480 av. J.-C., la ville devint la capitale d'un « royaume du Bosphore-Cimmérien » unissant des cités grecques sur les deux rives du détroit de Kertch. Chersonèse (près de Sébastopol) fut fondée vers 422 av. J.-C. Après une longue histoire indépendante, tous deux furent soumis au protectorat de Rome au terme des guerres contre Mithridate, au Ier siècle av. J.-C.

Au IIIe siècle de notre ère, un groupe de Goths se fixa au sud-ouest de la Crimée. La péninsule fut touchée à la fin du IVe siècle et au Ve par les invasions des Huns suivies, au début du Moyen-Âge, par plusieurs vagues nomades désormais turcophones (Bulgares, Khazars). Dans le sud, le protectorat romain fut prolongé par une domination byzantine affermie sous Justinien au VIe siècle.

Bien que la Crimée ait été un remarquable conservatoire ethnique, peuples et cultures étaient en contact et se mêlaient parfois. Taures et Scythes tardifs furent assimilés par d'autres groupes. Au début de notre ère, le royaume du Bosphore avait une dynastie et une aristocratie largement sarmatisées. L'archéologie, puis les textes, montrent une fusion progressive entre Goths et Alains, etc.

Après les Khazars encore puissants au IXe siècle, de nouveaux groupes nomades turcophones pénétrèrent dans la péninsule : les Petchénègues au Xe siècle et surtout les Coumans (Polovtses) dans la seconde moitié du XIe siècle.

La Crimée fut occupée en 1238-39 par les Mongols, dans la foulée de leur invasion des principautés slaves orientales ; elle fit partie de la Horde d'Or, héritière occidentale de l'empire de Gengis Khan. Les Mongols très minoritaires s'y fondirent dans les populations turcophones locales, leur léguant le nom de « Tatars » par lequel on les désignait improprement en Europe.

Dans la seconde moitié du XIIIe siècle commença la colonisation italienne. Dès le début des années 1280, les Génois contrôlaient Caffa, l'antique Théodosie, en Crimée orientale. Malgré des affrontements répétés avec les khans tatars, les Génois étendirent progressivement leur influence à une grande partie de la côte méridionale.

À la limite des possessions génoises, les sources mentionnent en Crimée du sud-ouest, à partir de 1382, une principauté de « Théodoro » ou de « Gothie », de culture byzantine et chrétienne. Les Goths-Alains de Crimée formaient probablement une partie de sa population. Elle connut son apogée dans la première moitié du XVe siècle.

Vers 1430, le prince gengiskhanide Hadji Guiraï mit à profit l'affaiblissement de la Horde d'Or pour former en Crimée un khanat tatar indépendant. Outre la péninsule, le nouvel État contrôlait le sud de l'Ukraine et des territoires au nord-ouest du Caucase. En 1475, l'intervention turque dans une querelle de succession aboutit à son passage sous domination ottomane. Lors de cette guerre, les colonies génoises et la principauté de Théodoro furent détruites.

Soumis aux Ottomans, le khanat de Crimée n'en conserva pas moins son organisation propre. Le khan était investi et souvent déposé par le sultan, mais il était toujours membre de la dynastie Guiraï. Il nommait les dignitaires et commandait l'armée. Les représentants des grands clans tatars siégeaient à son Conseil.

Les Tatars de Crimée, en partie sédentarisés, étaient le produit d'une synthèse ethnique millénaire. S'ils parlaient une langue turque et si l'aristocratie revendiquait de lointaines origines mongoles gengiskhanides, ils avaient aussi absorbé les restes de diverses populations antérieures. Ils pratiquaient un islam chiite tempéré par les anciennes traditions nomades. Ils cohabitaient avec plusieurs minorités chrétiennes concentrées dans le sud de la péninsule : les « Grecs » (eux aussi un mélange de diverses ethnies hellénisées), des Arméniens, et les Goths qui maintinrent leur identité linguistique au moins jusqu'à la fin du XVIe siècle (des éléments de leur langue germanique furent recueillis vers 1560 par Busbecq, ambassadeur du Saint-Empire à Constantinople).

L'économie du khanat combinait l'agriculture (au sud) et l'élevage (dans les steppes du nord). L'artisanat du cuir, du tissu, du métal était actif. D'autres sources de revenus étaient les subsides versés par le tuteur ottoman et la vente des esclaves capturés lors des guerres ou des raids à l'étranger, principalement en Ukraine.

Les khans menaient une politique souvent très indépendante – voire opposée à celle de leurs suzerains ottomans. Alliés ou ennemis de la Pologne-Lituanie, de la Moscovie, des Cosaques d'Ukraine, ils jouèrent durant trois siècles et demi un rôle très important dans la géopolitique de l'Europe orientale. En 1648-49, par exemple, le soutien d'Islam III Guiraï fut déterminant dans les victoires cosaques sur les Polonais et l'établissement de l'« Hetmanat », l'État autonome d'Ukraine centrale.

Le khanat de Crimée fut, comme les Cosaques ukrainiens, victime des projets impérialistes de la Russie de Catherine II. Entre 1771 et 1774, les Russes occupèrent la péninsule et lui imposèrent une « indépendance » qui substituait en fait leur protectorat à celui de l'empire ottoman. En 1783, la Crimée et ses possessions nord-caucasiennes furent annexées à la Russie.

La domination russe modifia profondément la situation ethnique de la Crimée. Dès 1778, les Grecs et autres chrétiens de la péninsule avaient été transférés en Ukraine méridionale, officiellement pour leur protection, en réalité pour affaiblir l'économie du khanat. Après l'annexion débuta un double mouvement d'émigration des Tatars vers l'empire ottoman et de colonisation (principalement slave, avec aussi de nombreux Allemands). L'exode tatar connut plusieurs vagues, en 1787, 1792, après la guerre dite de Crimée (qui ne toucha directement dans la péninsule que la côte sud-occidentale, avec le long siège de Sébastopol en 1854-55), à la suite de l'instauration du service militaire universel en 1874, à partir de 1893... Au début du XXe siècle, les Tatars représentaient moins de

30 % de la population ; les Russes étaient plus de 40 %, le reste se composant d'Ukrainiens et de diverses minorités.

Dans les dernières décennies du XIXe siècle, la Crimée profita du décollage économique de l'empire russe. Au cours des années 1880 débuta un réveil culturel et politique tatar, combinant patriotisme, islam et panturquisme.

En 1917, les Tatars tentèrent de constituer une République Populaire de Crimée. Les Bolcheviks prirent le contrôle de la péninsule en janvier 1918 avant d'en être chassés en avril par les forces ukrainiennes et allemandes (alliées en vertu du traité de Brest-Litovsk conclu le 9 février 1918). Un gouvernement de coalition russo-tatar fut constitué par le général Soulkiévitch. Sous l'hetman Pavlo Skoropadsky (avril-décembre 1918), l'État Ukrainien envisagea l'annexion de la Crimée. Les dirigeants criméens étaient partagés entre diverses orientations, dont l'indépendance sous protectorat germano-ottoman, l'autonomie au sein de l'Ukraine ou la réintégration à terme dans une Russie fédérale et démocratique. La Crimée fut, en 1920, le dernier réduit en Europe des forces russes « blanches ».

Après la victoire finale des Bolcheviks, la Crimée fut érigée le 18 octobre 1921 en république autonome au sein de la Russie soviétique (elle-même intégrée à l'Union Soviétique en 1922). Les Tatars, reconnus comme l'un des peuples « titulaires » de la péninsule, y reçurent certains droits – vidés de leur contenu par les répressions staliniennes des années 1930. En 1936, la population criméenne comptait 43,5 % de Russes, 23,1 % de Tatars, 10 % d'Ukrainiens, 7,4 % de Juifs, 5,7 % d'Allemands. Ces derniers furent déportés dès le déclenchement de la Seconde Guerre mondiale.

Les Allemands occupèrent la Crimée de septembre 1941 (Sébastopol ne tomba qu'en juillet 1942) à avril 1944. Fascinés par le souvenir des Goths, les idéologues nationaux-socialistes envisageaient la création d'une colonie allemande. La population juive fut éliminée – mais pas la petite communauté karaïte considérée comme turque. Après la reprise de la péninsule, les autorités soviétiques déportèrent intégralement, à partir du 18 mai 1944, les Tatars de Crimée ; la plupart d'entre eux furent réimplantés en Asie Centrale. Le motif officiel était leur collaboration politique et militaire avec les Allemands mais, comme au Caucase du Nord, il s'agissait plutôt de terminer un « nettoyage ethnique » entamé dès l'époque impériale.

La Crimée devint une simple région de la République de Russie. Son histoire fut réécrite pour présenter les Tatars comme une horde asiatique parasitaire et esclavagiste. Leur souvenir fut éradiqué jusque dans la toponymie.

En 1954, la Crimée fut transférée à la République Socialiste Soviétique d'Ukraine pour des raisons de continuité territoriale et de logique économique. Cette cession avait aussi pour conséquence d'accroître le pourcentage de Russes en Ukraine. À partir de la fin de 1989, les Tatars furent autorisés à revenir dans la péninsule.

Après l'écroulement de l'Union Soviétique, une république autonome de Crimée fut recréée au sein de l'Ukraine. Lors du référendum du 1er décembre 1991, ce territoire et la ville à statut spécial de Sébastopol se prononcèrent pour l'indépendance, bien qu'à une majorité plus faible que dans les autres régions. Cependant, l'appartenance à l'Ukraine fut régulièrement mise en cause au cours des années 1990 et 2000, soit par la majorité russe locale, soit par des partis politiques ou des institutions officielles de la Fédération de Russie, bien que la majorité de la population criméenne se soit apparemment satisfaite du statu quo. Un autre problème était la place des Tatars revenus de déportation dans la vie politique et économique (au recensement de 2001, les Tatars représentaient 10,8 % de la population; les Russes étaient 60,4 %, les Ukrainiens 24 %).

L'occupation et l'annexion de la Crimée par la Russie en 2014, au lendemain de la « Révolution de la Dignité » à Kiev, relevaient à la fois de la prédation opportuniste et de la volonté de châtier une Ukraine décidée à suivre sa propre voie.

Sur la base d'un très douteux référendum, la République de Crimée et la ville de Sébastopol sont devenues des « sujets » de la Fédération de Russie, ce que n'ont reconnu ni l'Ukraine ni la plupart des États du monde.

L'avenir de la péninsule est désormais lié à l'ensemble du conflit ukraino-russe...

Iaroslav Lebedinsky

Historien, enseignant à l'INALCO.

Dernières parutions :

Katalin Escher, Iaroslav Lebedinsky, *Le dossier Attila*, Actes Sud/ Errance, 2021.

Iarosla Lebedinsky, *Ukraine: une histoire en questions*, L'Harmattan, 2022.

3. Soviétisation et russification de l'Ukraine

Pourquoi avoir repris un entretien qui pourrait paraître ancien? Le lecteur jugera de la pertinence de propos visionnaires...

HB

Après une courte période d'indépendance de janvier 1918 à juin 1920: « L'État du peuple ukrainien, souverain, libre et indépendant » s'effondre sous les coups de l'offensive de l'Armée rouge de Toukhatchevski. Dans les premiers jours de juin 1920, les bolcheviks reprennent le contrôle du pays.

La réalité du pouvoir était entre les mains du Parti communiste, « avant-garde de la classe ouvrière », qui contrôlait toutes les institutions du pouvoir d'État aussi bien au niveau fédéral que local puisque ce sont ses instances, qui, seules, avaient la possibilité de présenter des candidats aux fonctions électives, car, depuis 1918, toutes les autres formations et organisations politiques avaient été interdites. Depuis le 3 avril 1922, c'est Staline qui exerce la fonction déterminante de Secrétaire général du Parti. Les effectifs du Parti communiste s'élevaient au lendemain de la guerre civile à 270409 membres titulaires, dont 71,96 % étaient russes alors que le poids des Russes dans la population totale n'était que de 52,91 %. Inversement, les Ukrainiens ne représentaient que 5,88 % des membres alors qu'ils constituaient un peu moins de 20 % de la population.

Ainsi, au lendemain de la guerre civile, le Parti communiste de l'URSS se présentait comme un parti largement composé de Slaves, et plus particulièrement de Grands-Russiens.[1] Avec la croissance des effectifs qui dépassaient le million de titulaires en 1929 (1 090 508 auxquels il faut ajouter 444 854 candidats), le pourcentage des Grands-Russiens diminua quelque peu ; il n'était plus que de 65 % en 1927. En revanche, la place des Ukrainiens était passée de 5,9 % en 1922 à 11,7 % en 1927.

La question des nationalités passa cependant au second plan jusqu'au début des années 1930, dans la mesure où le problème essentiel de la politique soviétique entre 1924 et 1929 fut celui de la succession de Lénine.

Pendant ces années d'incertitude politique, les nationalités, exclues du pouvoir, semblent avoir bénéficié d'une certaine autonomie culturelle et, dans certains cas même, le pouvoir central joua la carte du nationalisme local dans la mesure où cette attitude était profitable aux intérêts supérieurs de l'URSS. La politique soviétique à l'égard de l'Ukraine est très significative sur ce point. Certes, dans le cadre de l'URSS, malgré les prises de position du vieux bolchevik ukrainien Mykola Skrypnik, Staline, en tant que Commissaire aux nationalités, imposa dès 1923, à l'Ukraine, ses vues centralisatrices et imposa au Parti communiste ukrainien les directives venues de Moscou. En revanche, Staline s'efforça de se concilier les nationalistes ukrainiens en leur laissant miroiter la

1 W. Kolarz, *La Russie et ses colonies*, Paris, 1954.

création future d'une Grande Ukraine qui rassemblerait les terres ukrainiennes irrédentes détenues par les voisins occidentaux de l'URSS. L'idée de la Grande Ukraine fut largement évoquée lors du Ve Congrès de l'Internationale communiste en 1924, où l'on demanda instamment aux « partis communistes de Pologne, de Tchécoslovaquie et de Roumanie » de lancer « le mot d'ordre de la séparation des terres ukrainiennes de Pologne, de Tchécoslovaquie et de Roumanie, afin de les unir à l'Ukraine soviétique, et par elle, à l'URSS ». Il s'agissait en fait pour Moscou de récupérer une partie des territoires perdus à l'issue de la Première Guerre mondiale, mais en même temps, dans l'esprit de la direction du Parti, on espérait flatter l'orgueil national des Ukrainiens. Ce même souci de se concilier l'intelligentsia nationaliste se retrouve dans un certain nombre de concessions culturelles. En 1924, l'historien Mikhaïl Hrushevski qui, dans les dernières années du tsarisme, avait été le défenseur de la culture ukrainienne et qui s'était exilé en 1919, fut invité à rentrer au pays et il fut alors nommé directeur de la section historique de l'Académie des Sciences de Kiev. La langue ukrainienne fut réhabilitée et les publications littéraires et scientifiques en langue ukrainienne se multiplièrent. L'enseignement dispensé aux jeunes Ukrainiens dans leur langue maternelle, mais dans l'esprit marxiste, permettait au nouveau régime de former, pour l'avenir, des élites tout en donnant dans l'immédiate satisfaction aux nationalistes. Mais, indirectement, le renouveau de la culture ukrainienne toléré, voire envisagé par le nouveau pouvoir, pouvait à long terme alimenter les courants nationalistes[2]. Cependant, ce libéralisme soigneusement encadré en matière culturelle était accompagné d'un

2 R. Portal, *Russes et Ukrainiens*.

strict contrôle de la direction politique de la République. Le Parti communiste ukrainien unifié en mars 1920 par l'union des bolcheviks locaux et d'un mouvement d'extrême-gauche qualifié de borotbiste du nom de son journal Borotba publié depuis 1915 à Genève, fut toujours considéré avec méfiance par Moscou, dans la mesure où les Borotbistes étaient soupçonnés de velléités nationalistes. L'un des représentants du courant borotbiste, l'écrivain Mykola Khvylovi, ne cachait pas l'intérêt qu'il portait à la culture occidentale.

Quant au Commissaire à l'Instruction publique, Alexandre Shoumski, il se faisait le défenseur de l'indépendance du Parti communiste ukrainien par rapport au Parti communiste russe. En 1926, Moscou fit nommer Lazare Kaganovitch comme Secrétaire général du Parti ukrainien pour en chasser les éléments jugés trop nationalistes, en premier lieu Khvylovi et Shoumski. La répression ne toucha pas seulement les cadres du Parti, elle frappa aussi bien les intellectuels non communistes que des membres du clergé orthodoxe et uniate, tous accusés de nationalisme et d'activités antisoviétiques[3]. Le pouvoir soviétique, parallèlement, favorisait, pour affaiblir la cohésion de la nation ukrainienne, l'immigration russe. Au recensement de 1926, sur les 28 446 000 habitants qui vivaient en Ukraine, on trouvait, à côté des Ukrainiens largement majoritaires (80,6 % de la population totale), une minorité non négligeable au nombre de 2 700 000 (9,2 %) en majorité citadins et ouvriers. Dans la plupart des villes d'Ukraine, l'élément russe représentait déjà 30 à 40 % de la population (36,2 % à Kiev). On avait là les bases d'une cinquième colonne toujours prête à défendre les intérêts soviétiques et dont on voit aujourd'hui encore

3 W. Kolarz, *op. cit.*

plus qu'hier, les effets pervers… Apparemment, tout avait été fait pour donner l'impression que le fédéralisme était une réalité et que les particularismes nationaux étaient respectés. Il en était tout autrement sur le terrain où, depuis le début des années 1930, le pouvoir soviétique avait entrepris de briser toutes les manifestations du sentiment national, même les plus anodines, des peuples de l'URSS. La volonté centralisatrice et unificatrice de Staline triomphe définitivement au début de ces années; elle s'exerce au profit de la nation grand-russienne et aux dépens des autres peuples cohabitant. Et, paradoxalement, c'est le Géorgien Staline qui va réhabiliter la notion de patrie russe. Ce n'était d'ailleurs pas la première fois que la cause de la Russie était défendue par un non-Russe. Rurik, au IXe siècle, et surtout Catherine II, en avaient déjà donné l'exemple.

La réhabilitation de la patrie russe a commencé en 1934[4] lorsque l'historiographie officielle a peu à peu redécouvert, puis, exalté le passé de la Russie, ou tout au moins, certains de ses aspects. Les grands héros de l'Histoire russe, d'Alexandre

C'est le résultat d'une résolution du Comité central et du Sovnarkom portant sur « l'enseignement de l'histoire nationale dans les écoles de l'URSS » en date du 15 mai 1934.

Nevsky à Pierre le Grand, ont fait l'objet d'études où leur rôle positif a été mis en relief. Et des films, produits par les grands noms du cinéma soviétique d'alors, ont popularisé leurs exploits. La colonisation russe pratiquée par les tsars, dénoncée encore en 1929 par l'historien marxiste Mikhaïl Pokrovski comme le mal absolu fut,

4 C'est le résultat d'une résolution du Comité central et du *Sovnarkom* portant sur « l'enseignement de l'histoire nationale dans les écoles de l'URSS » en date du 15 mai 1934.

à partir du milieu des années 1930, interprétée d'une façon plus nuancée. Les travaux de Pokrovski furent mis à l'index, et la nouvelle école historique réhabilita le rôle civilisateur du peuple russe à l'égard des peuples allogènes, et exalta son action décisive au moment de la Révolution. Pokrovski ne fut pas la seule victime de cette révision de l'Histoire. Les historiens des nationalités furent accusés de déviations nationalistes pour avoir trop exalté le passé de leur peuple. Aussi, l'historien ukrainien Hrushevski, qui s'était rallié au nouveau régime en 1924, fut exilé à Moscou en 1931 et la section historique de l'Académie ukrainienne des Sciences fut dissoute. Désormais, dans l'idéologie officielle, la Russie devenait le guide des peuples de l'Empire sur le chemin de la liberté et de la Révolution, et le peuple s'unissait dans la grande famille socialiste.

Image idyllique d'une union fraternelle des peuples officialisée par la Constitution de 1936, mais démentie par la réalité des faits. La Constitution de 1936 garantissait solennellement à tous les citoyens de l'Union l'exercice des libertés fondamentales mais, au même moment, les agents du NKVD arrêtaient et torturaient les « ennemis de classe », les « saboteurs » et les auteurs « d'activités anti-soviétiques ». Et si le principe d'égalité avait au moins un champ d'application, c'était l'égalité de toutes les nationalités devant la dictature. Russes et non Russes, tous étaient à la merci du pouvoir communiste et de ses sbires, et pouvaient, du jour au lendemain, se retrouver côte à côte dans les bagnes staliniens ; mais dans l'esprit des populations allogènes de l'Union soviétique, on avait toujours tendance à assimiler pouvoir communiste et domination russe. Ce fut là l'un des effets les plus pervers de la dictature communiste qui provoqua, de la part des allogènes, un violent sentiment antirusse, dont les traces sont encore ô combien visibles à l'heure actuelle. Pour l'Ukrainien comme pour le Turkmène ou le Kalmouk, le Russe était identifié au régime et, comme tel, détesté.

La réintégration de l'Ukraine dans la Russie bolchevique fut donc officialisée par un Traité d'Union ouvrière et paysanne, cosigné par Lénine et les communistes locaux. Et le calvaire des Ukrainiens, l'un des peuples martyrs du XXe siècle, allait commencer. L'Ukraine devint une République fédérée au sein de l'URSS. La Constitution de 1924 qui rappelait solennellement l'égalité entre tous les citoyens de l'URSS, quelles que soient leur langue et leur nationalité, n'était qu'un trompe-l'œil !

Henry Bogdan
Historien

Pour en savoir plus, lire *L'Histoire des peuples de l'ex-URSS – du IXe siècle à nos jours*, Perrin.

4. Mémoire ukrainienne : le Holodomor

La mémoire collective d'une majorité d'Ukrainiens n'a pas oublié l'effroyable tragédie du Holodomor. Qu'est-ce que le Holodomor? Cette Grande famine génocidaire de 1932-1933 qui fit, selon les estimations des historiens, au bas mot, entre huit et dix millions de victimes, dont beaucoup de femmes et d'enfants. Un bilan pas encore définitif, mais colossal par rapport à la population de l'époque. Impossible pour les descendants de ces martyrs d'oublier cette terrible famine planifiée et méthodiquement mise en œuvre par la seule détermination de Joseph Staline afin de casser le nationalisme des élites et du peuple ukrainiens. Mais également pour briser la vive résistance de la paysannerie qui refusait la collectivisation des terres.

L'historien Alain Besançon, de l'Institut, estime que « *le* XX*e siècle a connu trois grands génocides: l'arménien, l'ukrainien et celui des Juifs* ».

Quant à l'historien Nicolas Werth, qui a longuement étudié la question, il parle de « génocide par la faim ». En dépit des spécificités de la tragédie, il rejoint Alain Besançon : « *Replacé dans son contexte historique, le Holodomor est le seul événement européen du* XXE *siècle qui, par le nombre de ses victimes, puisse être comparé aux deux autres génocides, le génocide arménien et l'Holocauste.* »[1]

Le Holodomor a laissé aux Ukrainiens une plaie ouverte, très loin de cicatriser, qui alourdit gravement leur contentieux à l'égard de la Russie.

À l'automne 2006, pour le 75e anniversaire du Holodomor, Nicolas Cuzin, l'un des dépositaires de la mémoire ukrainienne en France, adressait une lettre ouverte aux autorités de la région lyonnaise. En voici le contenu.

Lettre ouverte :

> Monsieur le Conseiller près l'Ambassade d'Ukraine, Monsieur l'adjoint au Maire de Lyon, Mesdames et Messieurs les Élus, Mon Père,
> Mesdames et Messieurs, Chers Amis,
>
> Ce 25 novembre 2006, nous entrons dans l'année préparatoire qui verra se tenir fin 2007 la commémoration officielle du 75e anniversaire du début du *Holodomor*, terme désignant le génocide ukrainien de 1932-1933.
>
> Alors que l'Ukraine vit tout juste sa 15e année d'indépendance, cela fait déjà plus de 75 ans qu'a débuté le long et douloureux combat pour la mémoire et la vérité, pour que justice soit rendue à nos huit millions de compatriotes sacrifiés dans les années 1930 sur l'autel de la construction du communisme mondial par la main du dictateur Joseph Staline.
>
> L'assassinat, le mois dernier, de la journaliste russe Anna Politkovskaïa, nous a imposé un raccourci historique

1 Les prédateurs du Kremlin, op. cit.

aussi symptomatique que riche d'enseignement: aujourd'hui, comme à l'époque de la terreur stalinienne, exercer le métier de journaliste demande beaucoup de courage et une volonté de témoigner indéfectible, malgré les risques. Au moment où l'Ukraine agonisait, M. Muggeridge et H. Lang furent parmi les seuls à avoir pu s'infiltrer dans les territoires interdits afin de rendre compte de toute l'horreur de la situation au monde entier, cependant que d'autres, tel W. Duranty du *New-York Times*, encensaient l'Union soviétique et son guide sanguinaire dans le but principal de faire une carrière prestigieuse.

Malheureusement, ce sont ces derniers qui influencèrent la communauté internationale, fort opportunément assoupie au moment des faits, au point d'amener les États-Unis à reconnaître l'URSS et la France – par la voix d'Édouard Herriot – à apporter un démenti catégorique aux prétendues « rumeurs » sur la « disette » sévissant en Ukraine.

Entre dénoncer les ruines et les tortures à Grozny et dénoncer les monceaux de cadavres en Ukraine, n'est-il pas évident qu'il existe à travers les décennies une communauté de valeurs, un même signal d'alerte afin que le renoncement à la dignité humaine ne s'installe pas dans nos esprits ? Je voudrais ici faire mémoire des journalistes et écrivains ukrainiens L. et W. Maniak, morts en 1992, dans des circonstances violentes, à quelques mois d'intervalle, peu de temps après avoir publié un premier recueil de quatre-cent-cinquante témoignages des rescapés de cette famine.

Leur mort n'aura pas été vaine puisque leurs travaux ont été à l'origine d'une vaste prise de conscience nationale de la nécessité de parler et de donner un nom à ce crime dont on continue aujourd'hui encore à exhumer les fosses communes : oui, le génocide en est indéniablement et définitivement la marque, tant le régime stalinien s'est attaché à l'époque – bien au-delà des réquisitions opérées dans le cadre de la collectivisation – à pourchasser, encercler, amoindrir puis détruire sur place une paysannerie rebelle depuis des siècles, fer de lance de la nation ukrainienne, profondément religieuse, indépendante, fière de ses traditions et très attachée à la propriété privée de sa terre, bref, un danger mortel pour la cohésion de l'Empire... Des exactions des soldats aux privations et aux déportations, en passant par les exécutions et l'anthropophagie, rien ne fut épargné à la population ukrainienne.

Cette famine-génocide, organisée, planifiée et administrativement encadrée a fait – selon un bilan encore provisoire à ce jour – près de huit millions de victimes, soit à son paroxysme – à l'été 1933 – 17 morts par seconde, 1 000 par heure et 25 000 par jour. Parmi elles, 3,5 millions étaient des enfants...

Et c'est en leur nom que nous continuons aujourd'hui à nous battre, non pas pour obtenir un « Nuremberg du stalinisme » (puisqu'il n'y a plus de coupables vivants), encore moins des compensations de la Russie poutinienne héritière déclarée de l'URSS défunte – qui ne les envisagerait pas un seul instant... Non, nous nous battons pour que la souffrance des victimes soit reconnue et leur dignité recouvrée, pour que l'Ukraine retrouve son histoire et sa mémoire, et que la société civile ukrainienne – encore très profondément meurtrie par cette tragédie – puisse construire sereinement son avenir.

Cet automne, des signaux d'encouragement forts lui ont été adressés : d'une part, en provenance des États-Unis, où une loi votée par le Sénat et contresignée par le président Bush vient d'autoriser le gouvernement ukrainien à procéder à la construction d'un monument dédié aux victimes du *Holodomor* sur le territoire de Washington ; d'autre part de la France, où une proposition de loi relative à la reconnaissance du génocide ukrainien par la République française a été déposée le lundi 20 novembre 2006 au bureau de l'Assemblée nationale, à l'initiative de Monsieur Christian Vanneste, député du Nord.
Le dépôt tant attendu de cette proposition de loi – fruit du riche dialogue entre les Français d'origine ukrainienne et les élus de la République française – ainsi que les encouragements appuyés à poursuivre nos efforts qui nous ont été adressés encore tout récemment par MM. Devedjian, Hollande et Sarkozy ne feront que renforcer la légitimité d'une démarche dont nous n'avons jamais douté, tant il est vrai, comme l'a exprimé M. Vanneste que : « Le génocide ukrainien est dans la mémoire collective de l'Humanité. »
Me tenant en ce lieu de mémoire si particulier, je ne saurais terminer sans remercier plus spécialement nos amis arméniens pour leur démarche généreuse et inclusive qui les a conduit à ériger sur cette place un mémorial – inauguré le 24 avril 2006 – aux victimes du génocide de 1915, mémorial auquel ont été associées toutes les communautés victimes de génocides au cours du XXe siècle : Cambodgiens, Juifs, Rwandais, Tibétains, Tziganes, aussi bien qu'Ukrainiens. Nous leur vouons une reconnaissance infinie.

Aujourd'hui, à 16h00, heure de Kiev, l'Ukraine tout entière restera figée pendant la minute de silence solennellement décrétée par le président Youchtchenko à la mémoire des victimes du *Holodomor* et à laquelle se joindra toute la diaspora ukrainienne. Nous, les enfants et petits-enfants des rescapés du *Holodomor*, nous sommes tous convaincus dans notre chair et notre âme que la mémoire d'un génocide est un lourd fardeau que seule peut alléger une communauté de pensée universelle, manifestée par la reconnaissance pleine et entière du crime et de ses victimes.
Aussi est-ce la raison pour laquelle nous formulons en cet instant le vœu que la France, terre d'accueil de nos parents et grands-parents, s'honore en reconnaissant publiquement et au plus tôt le génocide ukrainien de 1932-1933.

Nicolas Cuzin
Hélène Blanc

En conclusion, il faut savoir qu'en 2002-2003, le parlement ukrainien a fait appel à la communauté internationale afin d'obtenir une reconnaissance du *Holodomor* comme génocide.

À ce jour, les corps législatifs de l'Australie, du Canada, de l'Estonie, des États-Unis, de Géorgie, de Hongrie, de Lituanie et de Pologne, ont déjà qualifié le *Holodomor* de 1932-1933 de *génocide ukrainien*.

En France, cette reconnaissance avance lentement. Du moins jusqu'à aujourd'hui...

5. France-Ukraine : entre ignorance et désinformation...

Pourquoi avoir repris un entretien qui pourrait paraître ancien ? Le lecteur jugera de la pertinence de propos visionnaires...

HB

Hérodote en parlait déjà comme du « grenier à blé de l'Europe ». Le littoral oriental de sa presqu'île, la Crimée, connue sous le nom de Tauride pendant l'Antiquité, est étroitement associé au mythe de la Toison d'Or. Située par les anthropologues sur l'arc primaire d'expansion des Indo-Européens, terre des légendaires cavaliers des steppes, les Scythes, carrefour privilégié des voies commerciales menant de l'Europe de l'Ouest vers l'Asie et des pays scandinaves vers Byzance pendant tout le Moyen Âge, voici l'Ukraine, une illustre inconnue.

Véritable creuset de tribus slaves, enrichi au long des siècles par les populations venues s'y installer (Allemands, Arméniens, Bulgares, Juifs, Roumains, Grecs, Moldaves, Tchèques...), l'immense *Rous'* de Kiev s'étendait à son apogée au XIIe siècle, de Novgorod au Nord, au Danube au Sud et des Carpathes à l'Ouest, à Tmoutorakagne à l'Est. Ses souverains, dont les chroniques disent qu'ils rivalisaient en puissance et en richesses avec Byzance, avaient déjà l'habitude de s'unir avec les descendants des plus grandes cours d'Europe. En France, à partir de la visite de Gautier le Sage, évêque de Meaux, envoyé en 1050 par Henri Ier vers le Roi des Ruthènes pour obtenir la main de sa fille, la princesse Anne de Kiev, les contacts avec l'Ukraine ont été réguliers, notamment au travers de Blaise de Vigenère, de l'ingénieur Beauplan, du Cardinal Mazarin pour ne citer qu'eux. Par la suite, morcelé par les querelles dynastiques et les invasions mongoles, il n'est resté de cet empire qu'un noyau, porteur de l'identité primitive de l'Ukraine, qui subit pendant deux siècles la domination du puissant état polono-lituanien, cependant que l'épopée cosaque, qui débuta à la fin du XVe siècle, devait s'achever tragiquement avec la destruction de la *Sitch* et l'introduction du servage en 1783 par Catherine II de Russie. L'Ukraine ayant perdu définitivement son indépendance et son identité ne pouvant s'exprimer, ne fut plus considérée que comme une province petite-russienne ; parachevant ainsi l'œuvre de récupération de l'héritage historico-culturel ukrainien initié au XVIe siècle par le Tsar Ivan III. Il fallut tout le talent de Voltaire pour rappeler dans son *Histoire de Charles XII* que « *l'Ukraine a toujours aspiré* à être *libre* ».

Pour Benoist-Méchin, l'Ukraine est alors devenue le fantôme de l'Europe durant près de trois siècles. Renaissance difficilement perçue par la France. Malgré de très violents épisodes historiques successifs au XXe siècle, la Première Guerre mondiale, les Révolutions de 1917 et la Guerre civile, le Génocide en 1932-1933 et l'invasion nazie suivie de la reconquête soviétique, ce n'est que le 26 avril 1986, avec l'explosion du réacteur n° 3 de la centrale nucléaire de Tchernobyl, que l'Ukraine s'imposa à nouveau, brutalement, aux médias occidentaux et sur les cartes géographiques. Cet accident, considéré aujourd'hui comme le catalyseur du « commencement de la fin » de l'URSS, permit l'arrivée à maturation de la conscience nationale ukrainienne qui, au-delà de la déclaration d'indépendance d'août 1991, s'exprima de la plus belle des manières, fin 2004, lors de l'élection présidentielle. Chacun garde encore en mémoire la tentative d'empoisonnement du candidat démocrate V. Youchtchenko, les trois tours de scrutin mouvementés, la mobilisation, d'abord lente puis, massive, des médias et des gouvernements occidentaux et enfin, ce 26 décembre 2004, où la victoire définitive de la démocratie permit aux Ukrainiens de rejoindre triomphalement le monde libre. Il est en même temps curieux et révélateur de constater que ces élections ravivèrent des tensions et des débats que l'on croyait apaisés depuis longtemps, aussi bien en Ukraine qu'à l'extérieur. En effet, l'effondrement *soft*, de l'URSS en 1991 avait pu laisser faussement croire à l'avènement rapide et indolore d'une société post-communiste ayant fait son deuil de la grande illusion de 1917. Or, au-delà du clivage évident, on a vu ressurgir à l'occasion de ces élections le spectre de la Guerre froide, l'ombre de l'affrontement entre l'OTAN, le Pacte de Varsovie et le culte aveugle d'une certaine « personnalité », celle de Staline, tout cela quelques mois avant les cérémonies commémoratives du 60e anniversaire de la Victoire de 1945. Il est d'ailleurs intéressant de s'attarder au cas d'école que constitue la France, tant elle peine à concevoir une mémoire progressiste du dernier conflit mondial et du phénomène communiste. Fin 2004, la diplomatie française, fidèle à la sacro-sainte alliance franco-soviéto-russe, mit énormément de temps à réagir à l'annonce des résultats frauduleux du second tour de scrutin, laissant au président russe V. Poutine l'initiative de s'empêtrer dans des félicitations (aussi maladroites que vite retirées) à son favori, V. Yanoukovitch. On a vu des éditorialistes tel Alexandre Adler stigmatiser le « semi-État » (sic) ukrainien en train d'accomplir sa mue démocratique[1], se félicitant publiquement de l'échec prévisible du nouveau président, privé qu'il allait être de « l'intelligence civilisatrice » (sic) de l'ancienne puissance coloniale russe. Dans le même temps, Lionel Stoléru, plus au fait des réalités est-européennes, réclamait fort justement que la France cesse enfin de passer par Moscou pour parler avec Kiev, cependant qu'André Glucksman analysait la situation en ces termes : « *Face à leur grand voisin, les Ukrainiens donnent aux Européens une leçon de courage, un exemple de lucidité et une flamme qui manque* à *tant d'entre nous.* » Soudain, – véritable mariage contrenature –, extrême-gauche et extrême-droite n'ont eu de cesse de dénoncer avec vigueur la mainmise de la CIA sur ces élections et un complot américain de domination mondiale. Dans un style que n'aurait pas renié feu le procureur Vychinski, divers représentants et groupuscules d'extrême-gauche français et belges se répandirent en d'insensées diatribes où l'indigence des idées le disputait aux raccourcis idéologiques primaires suivant l'équation bien connue : Ukraine libre = américaine = anti-russe = anti-communiste = nazie = antisémite ! Ce n'était pas innocent. Cette rhétorique a en effet été abondamment utilisée par la propagande soviétique avant, pendant, et après la

1 *Le Figaro*, 24 novembre 2004.

Seconde Guerre mondiale pour discréditer tous les mouvements de libération nationale. Elle n'attendait que l'occasion de ressurgir et spécialement en France, en raison du traumatisme de la collaboration de Vichy. Que n'a-t-on entendu sur le candidat Youchtchenko et son entourage qualifiés de « galiciens, uniates, nationalistes, nazis et stipendiés par les USA ». Peu importe que le président Youchtchenko soit né dans une famille de tradition orthodoxe près de la frontière russe, que son père ait fait partie des rares survivants d'Auschwitz, que les milieux d'affaires russes l'aient discrètement appuyé et qu'il ait reçu le soutien et les félicitations de la communauté juive ukrainienne, le Grand Rabbin d'Ukraine A. Chaïkin en tête. Fort heureusement, peu de grands médias occidentaux ont repris cette rhétorique à leur compte à l'exception marquante du *Herald Tribune* et des médias russes proches du pouvoir, mais il n'en reste pas moins que l'Ukraine peine encore actuellement à se défaire de cette réputation collaborationniste et antisémite bâtie cyniquement pendant des décennies par l'*Agit-Prop* soviétique. Il est temps de lui tordre le cou.

Représentation soviétique et réalité des faits des premières indépendances ukrainiennes

Après avoir détruit les derniers vestiges du mouvement cosaque, imposé le servage, avoir totalement étouffé langue et culture ukrainiennes, le pouvoir impérial russe pensait en être quitte avec la question ukrainienne. Pourtant, dans la clandestinité ou, plus ouvertement, sur les territoires dépendant des Habsbourg, la résistance à la déculturation et une forte conscience politique s'étaient organisées, n'attendant plus que le moment opportun.

Les Révolutions de 1917 ont constitué une chance inespérée pour les différents territoires ethniquement ukrainiens de se réunir en une seule entité cohérente. Dans un premier temps, la désintégration des forces sociales en Russie a permis la mise en place de la *Rada* (Conseil), une institution représentative de tous les Ukrainiens, vite devenue le centre du mouvement de libération nationale. Après de multiples péripéties, l'Armistice du 11 novembre 1918 a permis la formation du Directoire de la République ukrainienne dont la direction devait revenir à Simon Pétliura, commandant en chef de l'Armée ukrainienne. Jusqu'en juin 1920, le Directoire a dû simultanément faire face aux armées rouges de Lénine et blanches de Dénikine, aux anarchistes, aux troupes roumaines et à de nombreux groupes d'irréguliers. Il y a eu de nombreux massacres de civils, y compris des pogroms anti-Juifs sur les territoires dépendant de toutes les factions en présence. Mais il est officiellement établi que Simon Pétliura a très rapidement réagi en créant des commissions d'enquête, en développant une très intense propagande anti-pogromiste en dédommageant les familles des victimes (décision du 3 juillet 1920) et en confirmant la peine de mort pour tout acte de pogrom. Par ailleurs, il ne faut pas oublier que Pétliura, franc-maçon, était un social-démocrate convaincu, que la *Rada* puis, le Directoire, menèrent une politique très favorable aux minorités nationales (russe, juive et polonaise) et que le gouvernement comprenait plusieurs membres d'origine juive, dont S. Goldelman, A. Revoutsky et A. Margoline. Après cette courte période d'indépendance ukrainienne, Pétliura, ne fut jamais accusé d'antisémitisme par l'un d'eux. Et pourtant, l'ancien président du Directoire, réfugié à Paris, sera abattu de plusieurs coups de revolver, le 25 mai 1926, par un jeune horloger d'origine juive, Samuel Schwartzbard. Au cours de son procès, celui que son avocat, Me Torrès, présenta comme un idéaliste venu venger la mort de ses proches, allait recevoir la caution morale de personnalités communistes ou proches du PCF comme P. Langevin, A. Spire, A. Einstein, M. Gorki. Le résultat fut inévitable : l'acquittement. Il faut dire qu'à l'époque, les milieux communistes, principalement relayés par *L'Humanité*, s'ingénièrent à réamorcer la propagande initiée par le pouvoir soviétique lors de la Conférence de la Paix à Paris, en 1919, propagande alors destinée à discréditer l'Ukraine aux yeux de l'opinion internationale en la présentant sous les traits d'un pays foncièrement antisémite et dangereux qu'il valait mieux laisser à l'état de nation captive. Le gouvernement ukrainien avait proposé à l'époque l'envoi d'une commission d'enquête composée de représentants juifs, mais cela ne fut jamais accepté, au bénéfice d'une URSS qui avait absolument besoin des richesses ukrainiennes pour consolider son empire. Et pour cause : il n'existait aucune preuve de la culpabilité de Pétliura, comme devait l'indiquer ultérieurement Marcel Body dans ses mémoires.[2] Que le Congrès juif américain, le leader sioniste V. Jabotynsky et l'un des amis de Schwartzbard, Dobkowski, aient pris fait et cause pour Pétliura, ne servit à rien, pas plus que les soupçons d'un coup monté bolchevik émis par *Le Figaro, Le Temps, Paris-Midi* et *l'Avenir*. En 1965, un transfuge du KGB devait confirmer l'assassinat de Pétliura, sur ordre de Moscou.[3] Dans les dictionnaires courants,

2 *Un piano en bouleau* de Carélie, Hachette, 1981.

3 À l'exception de Yaroslav Stetsko et de son épouse, tous les responsables indépendantistes ukrainiens en exil furent assassinés sur ordre de Moscou à l'instar des anciens généraux russes des Armées blanches, et de Trotski.

au hasard d'articles consacrés à cette affaire ou dans le livre *Adieu Volodia* de Simone Signoret (Fayard, 1985), sans preuves à l'appui comme l'a démontré Guillaume Malaurie dans *L'Express*, on s'obstine à perpétuer l'image d'un personnage détestable et maudit.

La même recette fut utilisée avec le même succès après la Seconde Guerre mondiale durant laquelle l'Ukraine allait vainement tenter de se défaire d'un totalitarisme puis, de l'autre. En bref, le pays aurait largement contribué à l'effort de guerre nazi en se compromettant dans une intense politique collaborationniste avec l'occupant. On évoque souvent le leader nationaliste Stepan Bandera comme un nazi antisémite et la participation de nombreux Ukrainiens aux *Einsatzkommandos* (« groupes de tuerie mobiles » selon l'expression de Raul Hillberg) ainsi qu'à la *Waffen SS-Division Galizien*. Qu'en est-il en réalité ?

L'Ukraine a connu pendant ce conflit un véritable cataclysme car sa possession constituait l'une des clés de la guerre. Dès août 1939, Hitler déclarait : « J'ai besoin de l'Ukraine afin que l'on ne *puisse pas nous réduire par la famine, comme ce fut le cas lors de la Première guerre.* » De fait, l'Ukraine fut ravagée à trois reprises durant la guerre. Lors de l'opération Barbarossa de juin 1941, en pleine débâcle de l'Armée Rouge, le NKVD exécuta à la hâte près de 15 000 détenus politiques dans toute l'Ukraine occidentale tandis qu'à l'Est du Dniepr, les usines, démontées, étaient déplacées derrière l'Oural (avec trois millions de personnes jugées utiles), et les récoltes, entièrement brûlées.

Lors de cette opération, les populations civiles de l'Ukraine occidentale (mais aussi celles de la Biélorussie voisine et des Pays baltes) accueillirent l'armée allemande avec soulagement, dans la mesure où elles avaient vécu un véritable enfer durant les deux ans d'occupation soviétique consécutive au Pacte germano-soviétique.

En Ukraine, personne n'avait oublié la Famine-génocidaire de 1932-1933 qui avait fait près de sept millions de victimes. Face au vide du pouvoir dû à la débâcle, la dernière organisation politique d'envergure, l'Organisation des Nationalistes Ukrainiens[4], proclama l'indépendance du pays. Comme celle- ci ne faisait pas partie des plans allemands, les responsables de l'Organisation Stépan Bandéra et Yaroslav Stetsko furent arrêtés et déportés à Sachsenhausen (les deux frères de Bandéra, eux, mourront au camp d'extermination d'Auschwitz). Dès la fin de 1941, les clandestins de l'OUN furent pourchassés par les *Einsatzkommandos*, au même titre que les commissaires politiques, les Juifs, les Polonais, les partisans et les saboteurs.

Constituée en unités militaires regroupées au sein de l'Armée Insurrectionnelle Ukrainienne (UPA) fin 1942, cette organisation comprenait près de 200000 hommes en permanence, des Ukrainiens, mais aussi des Russes, des Arméniens, des Ouzbeks ainsi que des Juifs[5], tous engagés dans des opérations de guérilla, malgré les tortures, les représailles sur les civils à

4 Rapport du 31 décembre 1941 de la police de sécurité et du SD n° 8 sur l'activité des Einsatzgruppen : « *En dehors du groupe de l'OUN de Bandéra, il n'existe en Ukraine aucune organisation de résistance en mesure de représenter un danger sérieux* » source : W. Kosyk, L'Allemagne national-socialiste et l'Ukraine, PEE, 1986.

5 Rapport sur les évènements d'URSS, n° 187 – Berlin, le 30 mars 1942, d'après les informations du chef de la police de sécurité et du SD : « *Il est solidement établi aujourd'hui que le mouvement de Bandéra a pourvu de faux passeports non seulement ses propres membres mais également des Juifs.* », Ibid.

hauteur de 100 fusillés pour un Allemand tué, et les exécutions massives. On estime qu'à l'été 1943, près de 10000 hommes disposant d'un armement lourd étaient mobilisés uniquement pour contrer l'UPA (l'Armée allemande devait perdre près de 460000 hommes du fait des actions de l'UPA et des partisans). Par ailleurs, l'Ukraine – divisée en cinq régions d'occupation faisait partie du plan *Drang nach Osten* (poussée vers l'Est) qui prévoyait de déporter et d'éliminer des dizaines de millions de slaves afin de créer un espace vital, le *Lebensraum*, propice au développement des populations allemandes. Les Ukrainiens étant considérés comme des sous-hommes, *Untermenschen*, à l'égal de tous les Slaves, l'Ukraine fut littéralement pillée de ses ressources[66]. Près de 3 millions d'hommes ont servi d'esclaves dans les camps de travail (*Zwangsarbeiter*), les usines (*Ostarbeiter*) ou les fermes allemandes et autrichiennes. En représailles des actes de sabotage, près de 250 villages furent rasés et brûlés et leurs habitants exécutés comme à Oradour-sur-Glane, en France. À la fin de la guerre, l'Ukraine déplorera 9 millions de victimes, dont 2,5 millions de soldats et 6,5 millions de civils. Une telle disproportion montre clairement qu'il y avait intention manifeste de faire le vide dans ces territoires. 10 millions d'habitants resteront sans abri. Enfin, dans un troisième temps, lors de la retraite allemande amorcée en juillet 1944, les combats entre l'UPA et les troupes du NKVD se multiplièrent derrière le front. L'administration soviétique a immédiatement repris le pouvoir et lancé plusieurs vagues de répressions jusqu'en 1946, aussi bien contre les forces insurrectionnelles que les fidèles

6 Le *Reischmarshall* Goering envisageait sereinement en novembre 1941 la disparition de 20 à 30 millions d'Ukrainiens et de Russes car, affirmait-il : « *Certaines nations doivent être décimées.* »

et la hiérarchie de l'Église gréco-catholique, dont près de 4 millions de fidèles seront liquidés. Près de 800000 personnes prirent le chemin du Goulag et l'Ukraine devait connaître sa troisième famine du XXe siècle. De l'aveu même des forces de sécurité soviétiques, les affrontements avec l'UPA ont perduré jusqu'en 1956, quand l'Armée Rouge partit réprimer le soulèvement de Budapest. Parallèlement, il y a effectivement eu une division SS en Ukraine, la SS Galicie, créée en mars 1943. L'État-Major allemand n'avait pas grande confiance en cette unité forte de 20000 hommes, formée aussi bien de volontaires – avec tout ce que cela impliquait en termes de survie dans le chaos ambiant, que d'hommes mutés ou raflés. Cette unité, qui n'a jamais été utilisée contre les civils, les archives allemandes l'attestent, fut pratiquement décimée lors de son premier engagement près de Brody en juillet 1944. Pour avoir une idée précise des effectifs, il faut prendre en compte ceux des formations militaires similaires constituées dans d'autres pays européens: 55000 Hollandais, 20000 Français, 20000 Wallons, 80000 Lettons, 50000 Estoniens, sans oublier les 100000 soldats de l'Armée russe de libération du général Vlassov. Quant aux auxiliaires de police (*Ukrainische Hilfungspolizei*), ils comprenaient aussi bien des *Volksdeutsch*[7], que des Citoyens soviétiques d'origine allemande.

Russes, des Polonais, des Baltes, toutes les nationalités représentées dans la population ukrainienne. Il est clair que des Ukrainiens très minoritaires au vu de la situation prirent part aux exactions commises contre les civils. Cependant, ils ne représentent rien face aux 200000 combattants de l'UPA et aux 4,5 millions de

7 Citoyens soviétiques d'origine allemande.

soldats engagés dans l'Armée Rouge. Ils ne peuvent occulter la participation des soldats ukrainiens de la $100^{\text{ème}}$ Division Lvov du $60^{\text{ème}}$ Corps d'Armée à la libération du camp d'Auschwitz et à la liaison de Torgau effectuée par la $58^{\text{ème}}$ de la Garde du Front ukrainien. Ils ne représentent rien face à la disparition de près de 25 % de la population ukrainienne pendant le conflit, face au martyr commun des Juifs et des Ukrainiens dans la ravine de *Baby Yar* où furent exécutés, dans un premier temps, près de 33 000 Juifs, qui devint ensuite la fosse commune de près de 100 000 victimes, toutes origines confondues. Il importe aujourd'hui de ne pas oublier que l'Ukraine n'a jamais eu de gouvernement de collaboration – contrairement à la France de Vichy, la Hongrie, la Roumanie ou la Slovaquie – et surtout que l'Ukraine occupe le 4e rang des « Justes parmi les nations » inscrits au *Yad Vashem.*

Stalingrad ou la victoire d'un totalitarisme sur l'autre érigée en mythe rédempteur

De cet affrontement paroxystique de deux totalitarismes sur son territoire contre lesquels elle dut mener une lutte simultanée, sans merci, ni aide extérieure, l'Ukraine est sortie totalement exsangue ; le monde ne retiendra que la lutte antisoviétique, un peu comme dans le cas de la Finlande, petit Poucet de l'Europe violenté par l'Ours russe et amputé de la Carélie au terme d'un combat inégal. Il faut dire qu'entretemps, la capitulation de la $\text{VI}^{\text{ème}}$ Armée de von Paulus devant Stalingrad, le 2 février 1943, connut un tel retentissement dans le monde qu'à partir de novembre de la même année (Conférence de Téhéran), les Alliés vont satisfaire pratiquement toutes les exigences de Staline, formalisées définitivement à

Yalta, en février 1945 en échange de promesses jamais tenues. Le 9 mai 1945, date de la ratification solennelle de la reddition sans condition de l'Allemagne à Berlin, la victoire consacra définitivement la prééminence de l'URSS de Staline sur la scène internationale. Bien qu'ayant marqué le début de la Guerre froide, elle permit surtout à Staline de se refaire une virginité inespérée et, en tout premier lieu, de jeter aux oubliettes le pacte Molotov-Ribbentrop d'août 1939 (avec le protocole additionnel secret qui délimitait les zones d'influence respectives des deux partenaires à l'Est), d'occulter le crime de Katyn et de faire oublier les millions de vies sacrifiées par l'incompétence du Généralissime. Cette formidable victoire de la violence de Staline sur celle d'Hitler lui a, en outre, accordé l'indulgence définitive pour tous les crimes de masse[8] passés, présents, – le Goulag, notamment – et à venir : les persécutions antisémites[9], les révoltes dans les camps réprimées dans le sang, la répression des grèves de Berlin en 1953, des soulèvements de Budapest en 1956 et de Prague en 1968, les persécutions et internements psychiatriques des intellectuels dans les années 1960-1970, les destructions irrémédiables du patrimoine culturel et écologique dans les colonies. Le blanc-seing accordé par l'Occident à Staline était tel qu>il avait déjà commencé à déporter massivement près de 2 millions de Caucasiens et de ressortissants des minorités d'Asie

8 Les purges, la Grande Terreur et la Famine génocidaire de 1932-1933 en Ukraine, les fosses communes de Vinnytsia : 10 000 exécutions entre 1937 et 1939 et de Bykivnia : 100 000 exécutions tout au long des années 1930.

9 Destruction des cellules du Comité Antifasciste Juif à partir de 1948, campagne contre « Les Cosmopolites sans racines » lancée par *La Pravda* en janvier 1949, Procès des « Blouses blanches » en 1953

centrale – Balkars, Ingouches, Tchétchènes, Kalmouks, Karatchaïs, et aussi les Tatars de Crimée, faussement accusés de collaboration avec l'ennemi. Staline avait envisagé la même chose pour l'Ukraine mais il a finalement dû renoncer devant l'ampleur de la tâche. Après la guerre, il allait également exiger avec aplomb le rapatriement immédiat de tous les citoyens soviétiques (prisonniers de guerre, déportés du travail, personnes déplacées) afin de reprendre au plus vite le contrôle sur des populations qui représentaient autant de dangereux témoins de la liberté et une main-d'œuvre corvéable à merci, ceci en violation flagrante de la Convention de Genève, mais conforme au protocole secret signé à Yalta. Des millions d'Ukrainiens devaient subir ce sort, dans des conditions honteuses jusqu'à ce qu'Eisenhower puis, Montgomery, décident d'y mettre un terme devant la recrudescence des suicides et l'apparition d'une propagande soviétique mensongère. Quant aux 200 000 Ukrainiens chanceux restés à l'Ouest, à la demande de l'URSS, ils furent soumis à plusieurs commissions d'enquête pour en expurger les collaborateurs, sans aucun résultat probant (voir le Rapport de la Commission Deschenes, Ministère canadien de la Justice, 1986). Les soupçons et la réputation allaient cependant rester tenaces. Il est encore courant de trouver des accusations d'antisémitisme et de collaboration hallucinantes au sujet de personnalités parfaitement irréprochables comme le Métropolite Szeptytsky directement impliqué dans le sauvetage de dizaines de Juifs et dont l'honneur fut défendu après-guerre par le propre fils du Rabbin de Lviv, Kurt Lewin.[10]

10 Pour mémoire, Kazimier, le frère du Métropolite, a reçu la distinction de « Juste parmi les nations ». Voir l'article de Yossi Melman et Asaf Carmel dans le journal Haaretz du 10 octobre 2005.

L'Ukraine et l'Europe de l'Est après-guerre vues par la France : l'influence du PCF

Cette obsession accusatrice, de la part d'un régime stalinien raciste et antisémite, doublée d'une cécité insondable de la part des Occidentaux ne peut s'expliquer, dans le cas de la France, que par l'implantation d'une mécanique dialectique redoutablement efficace, alors que les esprits étaient encore profondément marqués par la collaboration de Vichy : « *L'anticommunisme, c'est le début du Nazisme.* » De cette déclaration en forme d'anathème, faite par Maurice Thorez (déserteur, condamné à mort par contumace en 1939, amnistié en 1944), de retour de Moscou, les sphères politiques et intellectuelles conçurent une incapacité fondamentale à parler de la guerre autrement qu'au travers du prisme de la défaite allemande et de la victoire éclatante de Staline. Il fallut attendre les années 1990 pour que les universitaires français commencent à réviser leurs jugements sur Katyn, après que Boris Eltsine lui-même eût rétabli la vérité. Cette autocensure se perpétua pratiquement jusqu'à la chute du Mur de Berlin avec le mutisme et l'unanimité imposés tant à l'intérieur de l'URSS que dans les pays du Pacte de Varsovie. On se rappelle avec quel cynisme Robert Hue a déclaré lors de la sortie de son livre *Communisme, la mutation* en 1996, au sujet du stalinisme : « Il serait *malvenu de faire la leçon aux hommes et aux femmes de cette génération du haut de certitudes acquises après-coup.* » Formidable amnésie de ces années de fer du communisme français d'où l'on excluait avec pertes et fracas pour toute entorse à la ligne, P. Nizan ou pour retour de conscience, A. Gide, et où existait, chez les camarades, une réelle terreur psychologique d'être écarté, de compromettre la cause, comme Boris Souvarine, en 1924. C'était le temps de l'URSS omnisciente qui faisait dire à Paul Eluard : « Gloire à Joseph Staline, notre capital le *plus précieux.* »

C'était aussi le temps de l'aveuglement générateur d'une mémoire hémiplégique qui voyait David Rousset, déporté par les nazis, accusé d'avoir été payé par les Américains pour dénoncer le Goulag. Lors du très médiatique procès Kravtchenko contre *Les Lettres françaises*, la défense en viendra même – comble de l'hypocrisie – à marginaliser totalement la déposition de Margaret Buber-Neumann (femme du leader communiste allemand fusillé par Staline en 1937, livrée à Hitler en août 1940 en gage d'amitié), qui réchappera miraculeusement à quatre ans d'internement à Ravensbrück.

C'est au cours de ce même procès que sont venus témoigner publiquement, pour la première fois en France, des rescapés de la famine-génocide de 1932-1933. Mais il fallut attendre 2003, après plusieurs décennies de dénégations et de mensonges, malgré, notamment le remarquable livre *Tout passe* de Vassili Grossman, co-auteur du *Livre noir du Communisme,* pour que l'Ukraine obtienne enfin une déclaration commune de 36 nations – dont la Russie – devant l'ONU en relation avec le 70e anniversaire du *Holodomor*. Or, le terme de Génocide, pourtant présent dans le projet de déclaration initiale n'a pas été retenu. Pourquoi ? Du point de vue légal, la définition de génocide telle qu'inspirée par Rafaël Lemkin et adoptée, en 1948, par l'ONU, interdit toute rétroactivité ; à cette époque, les normes juridiques formulées cadraient uniquement avec la Shoah. Dans les faits, cependant, la Commission du Congrès des USA dirigée par James Mace et la Commission internationale d'Enquête dirigée par

Jacob Sundberg ont, dès 1988, conclu au caractère génocidaire de cette famine et désigné Staline comme son instigateur. En France, les réponses apportées dans le *Journal Officiel* aux questions de parlementaires au sujet de la reconnaissance du génocide ukrainien démontrent des progrès très sensibles depuis quelques années. Désormais, la réalité et l'étendue de cette tragédie sont reconnues sans problème. Mais le gouvernement français peine encore à reconnaître que les responsables de cette tragédie avaient bien l'intention de détruire spécifiquement tout ou partie du peuple ukrainien. Les preuves existent, ce n'est qu'une question de temps. Derrière tout cela, il est clair que le dernier blocage est encore et toujours d'ordre idéologique. Au-delà du débat sur l'unicité de la Shoah auquel Catherine Coquio a apporté une contribution remarquable dans *Le Monde* du 27 janvier 1998 en rappelant que la Shoah et le *Holodomor* étaient basés sur la même logique consistant à « essentialiser » une part de l'humanité en races de sous-hommes, il y a encore en France un tabou, un interdit moral hérité de la toute-puissante légitimité politique du PCF depuis la dernière guerre et de l'impact de Stalingrad qui, suivant la formule d'Edgar Morin « lavait tous les crimes du passé ». Vouloir comparer les crimes staliniens et hitlériens est toujours considéré comme un scandale intellectuel, trente-deux ans après l'immense succès et l'émotion suscités par *l'Archipel du Goulag* de Soljenitsyne. Toute tentative en ce sens attire aussitôt les accusations de banalisation des crimes hitlériens et, automatiquement, celles de sympathies pronazies, avec le risque de dérives surprenantes et indignes. Or, dès 1951, dans son étude du totalitarisme, Hannah

Arendt avait mis l'accent sur la convergence du nazisme et du stalinisme, seulement relayée en France par Raymond Aaron. Pourquoi constate-t-on, de nos jours, une telle lenteur à approfondir cette approche hautement pertinente ? Au final, il est évident que la désinformation sur les réalités politico-historiques de l'Ukraine et au-delà, de l'Europe de l'Est, reste encore très vivace dans l'hexagone. Et ce sera le cas tant que nous ne serons pas sortis définitivement de ce progressisme intellectuel qui a si longtemps maintenu la société française en état d'aveuglement. C'est d'autant plus nécessaire au moment où le président russe V. Poutine se crispe de plus en plus sur un pouvoir à la Staline, dont il ne renie ni le prestige ou la victoire acquise au cours de la Grande Guerre patriotique ni une certaine conception ultra-autoritaire. À preuve, la réduction de Grozny à l'état de cendres, malgré l'avènement de la déstalinisation, de la *Perestroïka* et la mort de l'URSS. Au nom du peuple russe, il persiste à nourrir vis-à-vis des anciens satellites un complexe impérialiste qui lui faisait déclarer tout récemment aux responsables européens, à peine un mois avant une réunion du G8 : « *Il y a deux ans, vous avez soutenu la Révolution orange en Ukraine. Vous devez* à *présent en payer le prix !* »[11] Et surtout, il ne peut, ni ne veut admettre le caractère génocidaire du *Holodomor*, ce qui reviendrait à accepter cette part insupportable de l'héritage soviéto-russe et ferait définitivement voler en éclats l'illusion d'une « fraternité » russo-ukrainienne, imposée par Moscou pendant si longtemps.

Cette synthèse de l'historiographie de l'Ukraine,

11 Allusion directe aux problèmes d'approvisionnement en gaz naturel connus à l'hiver 2005-2006 par l'Europe occidentale suite au différend ukraino-russe sur la nouvelle tarification.

tronquée et cannibalisée pendant des siècles, est à la source de l'autre cause majeure de la désinformation sur les réalités politico-historiques ukrainiennes après la propagande et le blocage idéologique : l'ignorance. Le Premier ministre Léonid Koutchma ne déclarait-il pas à juste raison, en 1993, deux ans après la déclaration d'indépendance : « Sur les cartes des dirigeants du monde, *l'Ukraine ne figure pas.* »

En France, au même moment, l'ancien président Valéry Giscard d'Estaing déclarait sur France 2 (7 février 1993) : « L'indépendance de l'Ukraine n'est *pas plus fondée que le serait, pour la France, celle de la région Rhône-Alpes.* »

En dépit de tout, l'Ukraine a réussi à faire valoir une identité forte et une volonté affirmée avec ténacité depuis des siècles de rejoindre le concert des nations libres et démocratiques au travers des événements de novembre et décembre 2004. Volonté réaffirmée par le Maïdan en 2013-2014. L'Ukraine a contrarié les projets de son voisin russe, contribué à l'échec de la CEI et facilité l'élargissement de l'Alliance atlantique. Devenue un nouvel acteur du jeu international, elle constitue un gage de stabilité pour l'Europe tout entière.

Il est temps, pour nous, Français, de nous pencher sérieusement sur son histoire qui contribua aussi à la nôtre, depuis Anne de Kiev, fille de Yaroslav le Sage.

Nicolas Cuzin
Historien

Préside le Comité Ukraine 33 (reconnaissance du génocide de 1932-1933) et le Comité pour la Défense de la Démocratie en Ukraine (créé au lendemain des présidentielles de 2004).

6. Entretien du dissident Leonid Pliouchtch avec Hélène Blanc

On connaît surtout la dissidence soviétique des années 1955-1985. Hélas, les jeunes générations ignorent quasiment tout du phénomène. Dans l'Empire soviétique, des dissidents, incarnation de la conscience, ont existé dans les quinze républiques de l'URSS. Notamment, dans les États baltes, en Géorgie, dans les Républiques musulmanes, etc. En Moldavie, on ne connaît qu'une seule dissidente : Renata Lesnik, réfugiée politique en France, condamnée à mort en 1983, sous Andropov. Bien entendu, une dissidence ukrainienne a également existé. Léonid Pliouchtch en est sans doute le représentant le plus connu des Français et des Européens.

Après la mort de Staline et le « dégel » tout relatif de l'ère Khrouchtchev, comme en témoignent les interventions soviétiques en Hongrie (1956) et en Tchécoslovaquie (1968), la politique ultra-répressive est officiellement de retour avec Brejnev et Andropov, notamment après que les troupes du Pacte de Varsovie aient réprimé le Printemps de Prague. Des centaines de dissidents accusés « d'activités subversives » sont alors emprisonnés ou internés en asile psychiatrique comme « malades mentaux ».

Pour Zinoviy Antoniouk, ex-dissident ukrainien, le terme dissident ne sera pourtant jamais utilisé en Union soviétique. En Ukraine, par exemple, on les désignait comme *inakodumets* (penseur autrement). Ailleurs, on les nommait simplement *anti-sovetchik* (individu antisoviétique). D'après lui, si l'on transpose le vocabulaire religieux dans le domaine politique, les termes les plus adéquats pour qualifier un dissident, seraient ceux d'« hérétique » ou d'« apostat ». Même si l'URSS fut l'État-Parti ou le Parti-État de l'athéisme combattant.

En 1969, en dépit des répressions, le Groupe des droits de l'Homme parvient à regrouper plusieurs de ces « apostats ». L'Ukrainien Léonid Pliouchtch, l'un des quinze fondateurs du Groupe d'Helsinki, libéré après des années d'hôpital psychiatrique grâce à la mobilisation des Occidentaux, autorisé à émigrer en 1976, nous relate comment la dissidence a bouleversé sa vie. Un récit brûlant d'actualité !

Léonid Pliouchtch : « La quintessence de notre mouvement de défense des droits de l'Homme, n'était pas politique, mais une résistance morale, éthique, de personnalités en éclosion se détachant ainsi de la masse des esclaves, d'un peuple mi-victime mi-bourreau. Nous résistions au mensonge absolu et au lavage de cerveau, à l'uniformisation, à la négation des droits fondamentaux, à l'arbitraire total, policier, bureaucratique, etc.

Par la suite, dans le contexte d'une crise économique et militaro-politique (Berlin, Budapest, Prague, Kaboul), cette résistance se mit à œuvrer à la démocratisation du pays et pour l'ensemble des droits de l'Homme : politiques, religieux, sociaux, nationaux.

Un combat apolitique puisque l'opposition politique implique un État de droit et une société civile. Or, le Parti unique – le PCUS (Parti Communiste de l'Union

Soviétique) – n'était qu'un simple mécanisme faisant fonctionner les rouages – petits et grands – de l'immense machinerie de l'Empire. »

– *Quel facteur a déclenché votre dissidence ?*

L. P. « Une lente libéralisation de la conscience face à la magie ou à l'hypnose du dressage total que subissait tout être humain en URSS.

Bien que d'origine sociale modeste, ayant constaté la non-conformité du quotidien avec la propagande, j'acceptais très docilement les explications fournies à l'école (menaces impérialistes, Juifs et autres ennemis de l'intérieur).

La première brèche dans cette chape d'ignorance fut le rapport Khrouchtchev dénonçant les crimes de Staline. En même temps que l'image de ce « dieu », s'effondra aussi celle du Parti. Dès lors, je n'ai eu que mépris à son égard.

En revanche, j'ai ressenti le désir aigu du droit à la Vérité. La brutale répression de la Révolution hongroise m'a fait douter des informations de la presse écrite. Impossible de concilier la logique des sciences mathématiques et l'absurdité d'une société bâtie sur le mensonge et la corruption généralisés. Telle est d'ailleurs l'explication du nombre élevé de mathématiciens, de physiciens et de champions d'échecs devenus dissidents.

L'antisémitisme de l'État et du Parti m'a fait réfléchir à l'idée nationale. Au début, j'ai été révolté par les déportations massives de certains peuples (Tchétchènes, Tatars de Crimée, etc.) Plus tard, cela m'a ouvert les yeux sur le nationalisme ukrainien. J'ai mis des années à l'assimiler car il était moins évident que le problème tchétchène ou tatar.

Peu à peu; ne voyant aucun moyen de lutter, je me suis replié sur ma vie professionnelle. J'ai compris alors qu'à l'époque, il était impossible de ne pas mentir, impossible aussi de travailler honnêtement dans ce pays. À l'Institut de Cybernétique, j'ai pris conscience que l'économie étatique courait à la catastrophe. En pratique, la vie dans les usines et les kolkhozes (exploitations agricoles collectives, NDA), le démontrait en permanence.

Voilà ce qui motiva ma protestation sociale : la situation des travailleurs et le krach économique. Car la raison première, ancrée au fond de moi, était mon refus éthique de l'esclavage. Désormais, je voulais jouir du droit d'être un individu à part entière, d'user du droit à la libre pensée, à la libre parole, à un travail sensé. Et je refusais de mentir.

Cette motivation d'être une individualité a fédéré toutes les autres. »

– *Qu'avez-vous fait alors ?*

L. P. « Cette prise de conscience du facteur humain a entraîné celle du facteur national.

Mon Ukraine natale n'était qu'une colonie. L'Empire soviétique était l'ennemi de la liberté, de l'humanité, de toutes les nations, peuple russe y compris.

Le samizdat[1] domina peu à peu toutes les sphères de la vie et de la pensée. En m'y insinuant, je devins non seulement un lecteur de littérature interdite, mais aussi un diffuseur et un auteur. En tant que marxiste, j'ai tenté de résoudre les contradictions entre théorie et pratique en analysant, dans mes articles, la théorie marxiste, l'éthique, le problème nationaliste. Mes débats avec les proches du

1 *Samizdat* : sorte d'autoédition artisanale impliquant la reproduction et la circulation, grâce à des centaines de volontaires, de textes interdits par le régime.

samizdat, qu'ils soient marxistes ou antimarxistes, m'ont mené à la conclusion que nous vivions un capitalisme féodal employant des esclaves d'État... »

Ce témoignage de Léonid Pliouchtch[2] met en évidence les motivations fondamentales de bon nombre de dissidents. Face à un État totalitaire, une société du non-sens, arbitraire, corrompue, oppressive, ils éprouvent une révolte organique, instinctive, quasi viscérale, avant même de passer les faits par le prisme de la raison et de l'intellect.

Sur ce plan, les Ukrainiens, dignes héritiers de la dissidence soviétique, de la Révolution orange et du Maïdan, n'ont guère changé.

Propos recueillis par **Hélène Blanc**

2 Pour mieux cerner le personnage, voir le DVD *Ainsi parlait Pliouchtch* de H. Blanc et R. Lesnik, réalisé par S. Gauthier-Pavlov, en 2010.

7. Taras Chevtchenko, « prophète » de la nation ukrainienne…

Pourquoi avoir repris un entretien qui pourrait paraître ancien ? Le lecteur jugera de la pertinence de propos visionnaires…

HB

Le 9 mars 2014, c'est avec une ferveur toute particulière que les Ukrainiens ont célébré les deux cents ans de la naissance de leur grand poète Taras Chevtchenko, aussi vénéré que Pouchkine l'est en Russie.

« Je suis resté là jusqu'à l'aube, réfléchissant à ma vie, toujours en ukrainien. Et quand le soleil levant a poussé hors du ciel le fin lambeau de lune, le souffle m'a manqué à la vue des couleurs qui ont jailli soudainement. Deux couleurs seulement : le jaune du sable et le bleu du ciel. »[1]

« Mon Dieu, voici ce que Chevtchenko a vu ! Voici ses couleurs préférées qu'il voyait chaque matin et qui devaient lui rappeler sa maison lointaine, son pays bien-aimé où il aspirait à revenir.[2] »

Quand Andreï Kourkov écrit ces lignes, en 2001, l'Ukraine, dont il a épousé la destinée, n'a qu'une dizaine d'années d'indépendance, mais plus d'un millénaire

1 « Les couleurs de l'Ukraine ».

2 Andreï Kourkov, *Le caméléon*, Paris, éditions Liana Levi, 2001.

d'existence. L'évocation de Taras Chevtchenko par un écrivain d'origine russe prend un caractère symbolique à plus d'un titre au regard de l'Histoire et de l'actualité.

Peu de peuples et d'individus au monde sont en symbiose aussi étroite que le peuple ukrainien et Taras Chevtchenko, dont les destins semblables s'unirent pour transcender leurs aspirations patriotiques et démocratiques en une nation souveraine. Lorsque Taras, fils du serf Hryhory Chevtchenko, naît le 9 mars 1814 dans une khata (chaumière) du village de Morintsy, près de Zvénygorod dans la gouberniya (province) de Kiev, le servage, introduit le 3 mai 1783 par un oukase de l'impératrice Catherine II, pesait déjà depuis une trentaine d'années sur la Petite Russie alors qu'il disparaissait en Europe occidentale.

Orphelin de mère à onze ans,
« *Toute jeune encore (...),*
(qui) mourut de misère et de dur labeur. »
Il perd son père deux ans plus tard, ressentant plus encore le servage et le dénuement :
« *J'ai vécu l'enfer, l'esclavage, Le dur labeur.* »

Devenu un sauvageon indomptable mais curieux de tout, il apprit cependant à lire et à écrire auprès « d'un sacristain ivre » ainsi qu'il le rapporte dans *Le Destin*. Placé à quatorze ans comme domestique chez son maître, le comte Engelhardt, il quitte alors l'Ukraine en 1828 pour Wilno[3] où il réside jusqu'en 1831. Son maître, ayant remarqué son don exceptionnel pour le dessin et la peinture, l'envoie en apprentissage chez le peintre Chiriaev à Saint-Pétersbourg.

En 1836, dans la capitale impériale, le jeune Taras fait la connaissance de Sochenko alors élève à l'École des

3 Aujourd'hui Vilnius, capitale de la Lituanie.

Beaux-Arts. Celui-ci lui fait alors rencontrer d'autres compatriotes comme l'écrivain Evhen Hrebinka et Vassyl Hryhorovytch, professeur aux Beaux-Arts, mais aussi les peintres russes Venetsianov, Brullov et l'introduit dans le monde des arts. La solide amitié de ces hommes ayant reconnu en Chevtchenko un génie en devenir, se concrétise par le rachat de sa servitude pour la somme exorbitante de 2500 roubles demandée par le comte Engelhardt. Le montant de son affranchissement fut recueilli grâce à une loterie composée d'un lot unique, un portrait du poète Vassili Joukovsky par Karl Brullov.

Le 22 avril 1838, l'acte d'affranchissement est signé ; Taras Chevtchenko est un homme libre, ce qui l'autorise à s'inscrire à l'Académie des Beaux-Arts de la capitale. Élève préféré de Brullov, diplômé de l'Académie le 22 mars 1845, peintre reconnu, Taras Chevtchenko vit là ses seuls vrais moments de plénitude et de bonheur insouciant.

En 1840, lorsque paraît Kobzar, son premier recueil de huit poèmes, rien ne prédestinait ce brillant peintre à une gloire littéraire qui traverserait les siècles, faisant de ce fils de paysan le Père de la langue écrite et de la nation ukrainienne.

Le choix inhabituel d'écrire en ukrainien et non en russe, relève d'une démarche audacieuse et originale dans le monde des Lettres de l'Empire russe.

Une démarche volontaire et novatrice aussi puisqu'il forgea cette langue littéraire[4] à partir de plusieurs dialectes de l'ukrainien parlé dans les cam- pagnes et considéré, jusqu'alors, comme un facteur d'arriération dépourvu de tout intérêt culturel. Aussi « sa décision

4 Il rédigea même un abécédaire destiné aux écoles primaires.

d'écrire en ukrainien valida-t-elle l'idée d'une culture ukrainienne indépendante et autonome. Elle encouragea ses contemporains à croire en la possibilité d'une langue ukrainienne équivalente à la langue russe ».[5]

Après Kobzar, c'est à la révolte paysanne de 1768 qu'il consacre sa seconde œuvre, Haïdamaks (Les Haïdamaques), dont les récits de son grandpère, témoin de la Koliïvchtchyna, cette révolte contre les Polonais, l'avaient fortement impressionné depuis l'enfance :

« *Merci à toi, grand-père, d'avoir conservé*
Dans ta mémoire centenaire cette gloire cosaque. »

Célèbre et adulé de tous, de la princesse Varvara Repnina à l'humble serf paysan, Chevtchenko ne renie en rien ses origines, pas plus qu'il ne dissimule ses opinions.

Dans ses œuvres écrites et picturales, il met souvent en scène les paysans, le cœur du peuple ukrainien, dans des tableaux romantiques ou réalistes toujours éloignés d'un folklore plaisant.

Taras Chevtchenko dépeint l'oppression seigneuriale consécutive à l'appropriation des terres des libres paysans et des cosaques et à leur servitude imposée après des siècles de liberté. Il souligne la misère des campagnes avec l'espoir que « *les pauvres villages de nouveau fleuriront* ». Le malheur paysan, qu'il soit de nature économique ou même sentimentale comme dans *Katerina*, est toujours sous-tendu d'une connotation sociale ou nationale.

Cet aspect de l'œuvre de Taras Chevtchenko le fit faussement qualifier de « révolutionnaire et d'universaliste »[6]

5 Wilson, cité par Dominique de Juriew, *Mythes politiques et identité en Ukraine post-soviétique*, Paris, L'Harmattan, 2003.

6 Euguène Kyryliouk, « Taras Chevtchenko, grand fils du peuple ukrainien » in *Taras Chevtchenko, Œuvres choisies*, Éditions

par le pouvoir et les auteurs soviétiques.[7] Le caractère social de l'œuvre de Chevtchenko fut interprété avec duplicité par les autorités. Son appel au panslavisme fraternel au-delà des différences religieuses, comme dans Aux Polonais, n'était pas non plus le panrussisme souhaité des autorités. Alors qu'à l'étranger et dans les instances culturelles internationales, elles encensaient le révolutionnaire universaliste en détournant la réalité profonde de sa pensée et de son message patriotique ; en République socialiste soviétique d'Ukraine, ses œuvres étaient publiquement interdites et les commémorations devant son tombeau ou au pied de sa statue[8] faisaient, à chaque fois, l'objet de violentes répressions policières. Bien qu'il ne revint que quatre fois en Ukraine, après son départ pour Wilno, son pays natal reste profondément ancré dans l'esprit et le cœur de Chevtchenko quand il évoque le Dnipro[9] et la steppe, colonne vertébrale et chair de sa « chère Ukraine » ou encore les cosaques zaporogues dont il narre les souvenirs épiques dans son œuvre poétique.

La disparition de la Sitch[10] des Zaporogues résultant d'une opération militaire lancée par la « louve affamée » (Catherine II de Russie) en 1775, fut durement ressentie par tous les Ukrainiens.

Dnipro, Kiev, 1978.

7 Guillevic (Présenté par), M. Rilsky, A. Deïtch (Préface de), *Taras Chevtchenko*, Paris, Collection UNESCO d'œuvres représentatives, Série européenne, Collection Poètes d'Aujourd'hui N°110, Pierre Seghers éditeur, 1964.

8 Comme son tombeau, les statues de Chevtchenko à Kyïv (Kiev), et dans les villes d'Ukraine étaient des lieux de l'expression interdite du patriotisme ukrainien à l'époque soviétique.

9 Le fleuve Dniepr en ukrainien.

10 La *Sitch* des Zaporogues, organisation de cosaques ukrainiens établis au-delà des rapides du Dnipro où ils avaient construit des fortifications, représentait le centre de la lutte contre les Polonais, les Russes et l'Empire ottoman selon les circonstances, mais aussi de démocratie et de liberté en Ukraine.

L'Ukraine est désormais orpheline de ses protecteurs dans lesquels elle se reconnaissait. Assommée par la disparition des dernières libertés pourtant reconnues en 1654 (Traité de Pereyeslav), l'Ukraine martyrisée par Pierre Ier et Catherine II, étouffe et se meurt sous le règne du tsar Nicolas Ier. Toute velléité de renaissance nationale semble exclue et, alors que la nation ukrainienne devenue léthargique est à la veille de sa disparition, l'épopée cosaque retracée dans la poésie de Chevtchenko lui insuffle, malgré les apparences, l'énergie spirituelle qui la maintiendra en vie jusqu'à l'indépendance de l'État ukrainien proclamée le 24 août 1991.

L'intérêt porté par Taras Chevtchenko aux cosaques zaporogues et à leur glorieuse épopée séculaire n'est pas seulement celui d'un engouement romantique comme il était de mode. Les Zaporogues, aujourd'hui encore, incarnent une Ukraine Éternelle, celle d'une gloire passée et des libertés démocratiques. Lorsqu'il écrit l'histoire, certes à sa façon, où réalité, imagination et mythe s'entremêlent, la force de l'évocation des exploits de ces hommes libres a vocation d'exemple pour le peuple ukrainien, tels les récits d'un *kobzar* (barde) errant de village en village. *La Nuit de Taras, Ivan Pidkova, Hamalia* sont là pour rappeler et maintenir le souvenir d'une autre Ukraine qu'il appelle de ses vœux. Par le rappel de la gloire et de la liberté, il apaise d'abord pour redonner ensuite espoir :

> « *Jadis en Ukraine, Les canons grondaient Les Zaporogues Savaient s'imposer, S'imposer et conquérir Gloire et Liberté.*
> *(...) Jadis en cette Ukraine, Il faisait bon vivre !*
> *Évoquons ces temps-là,*
> *Le cœur en sera soulagé.* »

Son admiration des chefs cosaques, les *hetmans*, n'est cependant pas sans bornes. Tous ne sont pas à l'image d'Ivan Pidkova, le héros mythique du poème éponyme. Et le poète critique l'action de certains d'entre eux, comme Bohdan Khmelnytsky responsable d'avoir livré l'Ukraine aux *Moskals* [11] dans La Tombe profanée et *Soubotiv*, et les fustige devant le tribunal de l'Histoire :

« *Au village de Soubotiv, il y a Sur une haute colline,*
Le sépulcre de l'Ukraine. Large, profond.
C'est l'Église de Bohdan. C'est là qu'il priait
Pour que le Moscovite partage
Avec le cosaque, le meilleur et le pire. (...) Voilà Bohdan !
Tu as perdu la malheureuse Ukraine esseulée. »

La noblesse ukrainienne ayant fait allégeance au tsar en contrepartie du maintien de ses privilèges est violemment insultée par le poète dans *L'Épître* :

« *Esclaves, valets, boue de Moscou, Ordures de Varsovie,*
Voilà ce qu'ils sont, vos seigneurs, Vos hetmans sérénissimes ! »

Mais ses plus profondes et virulentes critiques sont formulées contre le tsar et sa prison des peuples quand elle n'en est pas le tombeau comme dans *Le Songe* où il stigmatise l'œuvre insensée de Pierre le Grand[12] :

« *Est-ce une ville turque, Une ville allemande,*
Ou encore une ville moscovite ? Partout des Églises et des palais,
Partout des seigneurs ventrus
Et pas une seule petite khata (...) C'est ici que des hommes

11 Terme péjoratif désignant les Russes.
12 Allusion à la construction de Saint-Pétersbourg et de la forteresse Pierre et Paul édifiées sur les cadavres de milliers d'Ukrainiens et de cosaques zaporogues déportés par le tsar.

Ont versé des flots de sang Sans avoir été égorgés.
Sur l'autre rive,
Une forteresse, et son clocher
Se dresse comme une alêne de cordonnier. »

Dans l'allusion à la statue du tsar Pierre Ier, Chevtchenko dénonce sans ambiguïté aucune les coupables du malheur de l'Ukraine dans des vers à la résonance contemporaine :

« *À cheval, sans selle,*
Un cavalier vêtu d'un manteau étrange,
La tête entourée de feuillage,
Étend son bras
Comme s'il voulait s'emparer du monde entier !
Mais qui est-ce donc ? Je m'approche et je lis
Les mots gravés dans la roche :
Au Premier - la Seconde. Ah ! Je le sais à présent :
C'est le premier qui a crucifié Notre Ukraine
Et la Seconde a achevé La Veuve infortunée. »

Le *Songe*, écrit en 1844, premier poème dénonçant l'impérialisme tsariste, inaugure une série d'œuvres qui éveilleront le sentiment national des Ukrainiens.

Dans Le *Caucase*, un poème dédié à son ami Jacob de Balmain[13], il fait parler Nicolas Ier :

« *C'est là-bas que Nous, le Clément,*
Avons surpris la liberté
Qui vivait nue et affamée,
Et nous la pourchassons là-bas. »

---

13 Jacques de Balmain (ou Ballemain), peintre et officier, mort au service de l'Empire russe au cours d'une expédition militaire contre les montagnards tcherkesses.

Chevtchenko poursuit par ce constat sans équivoque sur les peuples minoritaires de l'Empire russe :

« Pour tous, rien que la Sibérie,
Quel immense pays ?
Mais à quoi bon, pourquoi compter ?
Du moldave au finnois :
On se tait dans toutes les langues. »

Après avoir énuméré les frasques et les crimes impériaux, il conclut, quelque peu triste et amer, en plaignant son ami mort :

« Ce n'est certes pas pour l'Ukraine
Mais pour son bourreau que tu répands ton sang.
Tu as dû boire le calice moscovite,
Le poison moscovite, il t'a fallu le boire. »

Caucase ou Ukraine, Caucase et Ukraine... Tous les peuples soumis et oppressés par l'impérialisme russe sont concernés par son message.

La puissance du verbe de Chevtchenko est un appel à l'insurrection au nom du droit des peuples à disposer d'eux-mêmes comme dans *L'Hérétique ou Jean Hus* :

« De méchants voisins ont incendié La maison toute neuve et belle
De leur voisin : au feu, ils ne sont chauffés (...)
Elle reste, la cendre grise, ils ont oublié
De la disperser au vent, (...) Et en son sein couve
Une étincelle du grand feu. Elle couve et ne s'éteint pas,
Elle attend qu'on la ranime, comme un vengeur Attend son heure. »

Le Grand caveau, *Le Ravin froid*, *Le Testament* sont encore des dénonciations de l'impérialisme, sans oublier *L'Épître amicale* : dont l'étonnante adresse « *conjugue le temps et l'espace, les vivants et les morts, les Ukrainiens d'ici et ceux d'ailleurs, dans une étonnante Éternité* » :

> *« Aux morts, aux vivants,*
> *À ceux qui ne sont pas encore nés,*
> *À mes compatriotes, à ceux qui sont en Ukraine,*
> *À ceux qui n'y sont pas,*
> *Mon Épître amicale. »*

Chevtchenko y dépeint une perspective prophétique quand il lance cet appel pathétique :

> *« Défaites-vous de vos chaînes, devenez frères !*
> *Dans un autre pays*
> *N'allez pas chercher, n'allez pas demander*
> *Ce que vous ne trouverez pas (...)*
> *Il n'est pas deux Ukraine au monde,*
> *Il n'est pas d'autre Dnipro. »*

Son refus et sa haine de l'oppression, de l'absolutisme et de l'impérialisme moscovites, au-delà de l'écriture dénonciatrice, poussent Chevtchenko à l'engagement politique. En rejoignant la *Confrérie Saints Cyrille et Méthode* lors de son séjour à Kyïv (Kiev) en 1846, une organisation politique secrète fondée par l'historien Mykola Kostomarov, il va au bout de ses idées.

Il est possible qu'il ait été alors l'un des rédacteurs du Livre de la Genèse du peuple ukrainien, le manifeste de cette organisation proclamant que « l'Ukraine n'aimait ni le tsar ni le seigneur, elle organisa la Cosaquerie (...) où chacun devenant membre, était le frère des autres, qu'il soit ancien seigneur ou serf » (...) « l'Ukraine succomba, mais ce ne fut qu'en apparence » et toute

« l'Ukraine sera une république indépendante dans le monde slave ».[14]

Les similitudes entre certains poèmes de Taras Chevtchenko et des articles du Livre de la Genèse du peuple ukrainien sont trop frappantes pour ne pas y retrouver sinon la plume, du moins l'inspiration du poète.

Dénoncé, arrêté le 5 avril 1847 avec tous les membres de la *Confrérie Saints Cyrille et Méthode*, transféré le 17 à Saint-Pétersbourg, Chevtchenko est aussitôt emprisonné dans une casemate de la section III au sein de la Chancellerie impériale. En ne livrant aucun nom lors des sévères interrogatoires, il ne faillit pas et fit preuve d'un incroyable esprit de résistance.

Après la publication de ses poèmes *Le Caucase*, *L'Hérétique* ou *Le Songe*, la découverte, lors de la fouille de son domicile, du manuscrit des *Trois années*, un cahier de satires ridiculisant le tsar et la tsarine, aggrave définitivement son cas. Il devient l'homme qu'il faut briser pour l'exemple.

Le poète est condamné à vingt-cinq ans de service militaire dans un régiment disciplinaire à Orenbourg, en Sibérie, où il arrive le 8 juin 1847 avant d'être transféré à la forteresse d'Orsk. Dans sa volonté absolue de persécution, le tsar Nicolas Ier avait écrit de sa main sur l'acte de condamnation du matricule 191 : « Sous surveillance très rigoureuse, avec interdiction d'écrire et de dessiner. »

Mais cette lourde peine ne brise aucunement Chevtchenko : « *Je suis châtié, tourmenté, écrit-il, mais je ne me repends de rien*. »

14 *Le Livre de la Genèse du peuple ukrainien*, traduit de l'ukrainien avec une introduction et des notes de Georges Luciani. Paris, Institut d'Études slaves, 1956, article 72.

Dans *Passent les jours*, il constate sa peu enviable situation mais, en patriote, il trouve toutefois la force d'espérer dans l'honneur de l'engagement :

« Il est terrible d'être enchaîné,
De mourir en captivité ;
Il est bien pire cependant :
De dormir, dormir en liberté.
Et s'endormir à jamais,
Sans laisser de trace aucune,
Comme si l'on n'avait jamais vécu ! »

En cachette, il écrit et dessine dans de petits cahiers qu'il dissimule dans ses bottes, bénéficiant parfois de la complicité bienveillante, voire l'amitié de ses supérieurs.

Au printemps 1848, il accompagne une périlleuse mission d'exploration terrestre et maritime des régions proches de la mer d'Aral et séjourne dans l'Île de Kos-Aral à l'embouchure du fleuve Syr-Daria. C'est pour lui l'occasion inespérée d'exercer pleinement, ouvertement, son talent poétique et pictural et aussi de respirer un air nouveau loin des sous-officiers ignares et brutaux du casernement.

Au retour de l'expédition, en novembre 1849, les autorités le font bénéficier d'un régime de faveur en l'autorisant à résider chez un ami en ville et même à porter des vêtements civils. À Orenbourg, il se lie d'amitié avec l'historien Zaleski, exilé avec d'autres patriotes polonais victimes de la répression russe après l'échec de l'insurrection de 1830-31.

Au cours d'une perquisition au printemps 1850, une correspondance compromettante est saisie par la police du tsar. Il est de nouveau arrêté et transféré dans la forteresse de Novopétrovsk[15] près de la mer Caspienne où ses conditions

15 Chevtchenko ou Fort Chevtchenko, port de la mer Caspienne baptisé en souvenir du séjour du poète dans la région, fut construit

de captivité devinrent draconiennes, à nouveau sur ordre personnel de Nicolas Ier qui, de sa résidence impériale, le poursuivit encore de sa vindicte.

Il parvint néanmoins à réaliser une centaine d'aquarelles et de dessins, à rédiger quelques nouvelles et son talent lui fit tout de même intégrer une nouvelle expédition dans les montagnes de Karatau, en 1850.

À la mort de son ennemi personnel, le tsar Nicolas Ier, l'un des « Césars cannibales » des Néophytes, au thème historique transposé, malgré les interventions de Théodore et Alexeï Tolstoï, le nom de Chevtchenko est rayé de la liste des amnistiés. Finalement, libéré deux ans plus tard, à l'été 1857, il reste malgré tout interdit de séjour en Ukraine. Après six mois de résidence à Nijni-Novgorod, il s'installe à nouveau à Saint-Pétersbourg où il reçoit un accueil chaleureux.

Autorisé à se rendre en Ukraine en mai 1859, il souhaite se rendre propriétaire d'un terrain près de Pekariv pour y bâtir sa demeure, émet le vœu d'épouser une serve ukrainienne et de fonder une famille. Mais il est de nouveau arrêté pour blasphème et propos antigouvernementaux en juillet. Renvoyé dans la capitale de l'Empire russe, il y arrive le 7 septembre pour ne plus jamais retrouver l'Ukraine de son vivant. Pourtant, jusqu'à la fin de sa courte vie, il ne perdra jamais l'espoir de s'y installer.

Nommé académicien des Beaux-Arts pour la gravure le 2 septembre 1860, épuisé par les privations et les épreuves physiques et morales endurées après sa condamnation mais toujours vindicatif, il restera sous la surveillance constante de la police tsariste jusqu'à sa mort à l'aube du 10 mars 1861.

---

en 1959 par des prisonniers du Goulag. Successivement, la ville secrète Gouriev-20, Mélovoï, puis Chevtchenko, enfin, depuis 1991, date de l'indépendance du Kazakhstan, Aktaou (Aktau ou Aqtau).

D'abord inhumé le 12 mars dans le cimetière de Smolensk à Saint-Pétersbourg, le corps du poète est exhumé le 6 mai pour être transféré en Ukraine et à nouveau enseveli, le 22, à Kaniv,[16] au bord du Dnipro.

Son exil terrestre prend fin selon sa volonté exprimée dans Le Testament :

Le tombeau de Taras Chevtchenko est devenu un haut lieu de pèlerinage patriotique.

« Quand je mourrai, enterrez-moi
En dressant ma tombe
Au cœur des steppes infinies De ma chère Ukraine.
Pour que je vois les champs immenses,
Le Dnipro et ses falaises. »

Plus de 150 écrits et 835 œuvres d'art de tous genres[17] jalonnent la brève et tragique existence de Chevtchenko. Son héritage poétique, artistique et moral à l'Ukraine est considérable ; mais il l'a aussi légué à l'humanité tout entière grâce à la profondeur et la portée universelle de son œuvre.

Avait-il pressenti, lorsque sa vocation poétique s'éveillait que, plus encore que la peinture qui ne touchait qu'une élite, la poésie le conduirait à devenir « l'Éveilleur » de la conscience nationale ukrainienne ?

Par sa ténacité inhérente au caractère ukrainien, par sa force littéraire aiguillonnée par l'amour de sa terre natale, en évoluant du romantisme au réalisme, porteur à la fois du tragique et de l'espoir de son destin et de celui de tous

16 Le tombeau de Taras Chevtchenko est devenu un haut lieu de pèlerinage patriotique.

17 Une variété de thèmes : mythologiques, bibliques, sociaux, ethnographiques, archéologiques, des paysages, 150 portraits dont 43 autoportraits avec toute la gamme des techniques picturales : huile, aquarelle, mine de plomb, encre de Chine, sépia, gravure.

les Khokhols[18], le serf devenu libre fut bien « l'Éveilleur » de son peuple, le « prophète » d'une nation, l'Ukraine, qu'un martyre de plusieurs siècles n'a pas annihilé.

À chaque période de l'histoire où elle s'apprêtait à succomber, à chacun de ses fils, à chacune de ses filles, revenait en mémoire ce cri ultime exprimé dans ces vers du *Testament* de Taras Chevtchenko :

> « *Quand je mourrai,*
> *Enterrez-moi. Mais vous – Debout ! Brisez vos chaînes*
> *Et abreuvez la Liberté.* »

Combien de fois les Ukrainiens durent-ils se remémorer ces vers prophétiques jusqu'en 1991 et aujourd'hui encore, pour ne pas oublier ?

Jacques Chevchenko
Historien

Brève bibliographie en français

Taras Chevtchenko (1814-1861). Sa vie et son œuvre. Recueil d'articles et traductions présentés par Kaléna Uhryn et Arkady Joukovsky, Paris, PUF, 1964.

Marie Scherrer, « *Sevcenko, le poète national de l'Ukraine* », in *Revue des Études slaves*, tome 44, Paris, Institut des Études slaves, 1965.

Taras Chevtchenko, Œuvres choisies, éditions Dnipro, Kiev, 1978.

Leonid Novitchenko, *Taras Chevtchenko, un grand poète ukrainien* (1814-1861), Paris, UNESCO, 1982.

18 Terme russe insultant qui désigne les Ukrainiens, provenant de khokhly, la houpette de cheveux à l'arrière du crâne rasé des cosaques zaporogues.

Émile Kruba, « *Les Cosaques dans le Kobzar de Taras Sevcenko* », in *Les Cosaques de l'Ukraine. Rôle historique, représentations littéraires et artistiques.*
Paris, Presses de la Sorbonne, 1995.

Jean-Claude Polet (sous la direction de), « *Chevtchenko* », in Patrimoine littéraire européen, Volume 11a, Bruxelles-Paris, De Boeck université, 1999.

Société scientifique *Chevtchenko en Europe, Anthologie de la littérature ukrainienne*, Paris-Kiev, 2004.

8. Le prix de la liberté

Pourquoi avoir repris un entretien qui pourrait paraître ancien? Le lecteur jugera de la pertinence de propos visionnaires…

HB

Alors que, depuis sa récente indépendance, l'Ukraine traverse une crise sans précédent, les questions de Liberté et de Souveraineté se retrouvent au cœur du débat qui passionne la société ukrainienne. À la chute de l'URSS en 1991, après plus de soixante-dix ans de répressions et de totalitarisme, l'Ukraine sortait du joug soviétique en laissant derrière elle, le passé douloureux d'un peuple martyr. Ce passé aux souvenirs interdits fait pourtant partie de l'ADN de la nation ukrainienne. La Liberté: ce mot, gravé dans les armoiries de la Nation, l'est aussi dans le cœur des Ukrainiens. La liberté d'aimer son pays, d'honorer ses traditions et de parler sa propre langue. Cependant, cette liberté, que les Ukrainiens croyaient acquise, se trouve de nouveau remise en question vingt-trois ans après l'Indépendance du pays.

En novembre 2013, la population sortie sur le Maïdan proteste contre le revirement du président Ianoukovitch qui refuse de signer un Accord d'Association avec l'Union européenne. Mais cette manifestation exprime d'abord et surtout l'indigna- tion contre la mainmise du Kremlin qui, moyen- nant chantage, essaye d'imposer ses décisions à l'Ukraine souveraine et indépendante que l'on peut apercevoir chez les Ukrainiens, choqués par les procédés archaïques de Vladimir Poutine.

Par un froid glacial, armés de bâtons, de pavés et, au mieux, de cocktails Molotov, se protégeant avec de simples boucliers en bois face aux balles des snipers du président Yanoukovitch, des centaines d'Ukrainiens tombent en défendant leur droit de vivre libres sur leur propre terre.

Quand des millions de lèvres répètent à l'unisson : « Nous donnerons notre corps et notre âme pour la Liberté », ces paroles de l'hymne national se transforment en prière et deviennent une promesse. Des violences, des enlèvements, des tortures et des meurtres pour le simple fait d'avoir sur soi un drapeau national ou de parler la langue ukrainienne, ne font que réveiller la conscience nationale et le patriotisme des Ukrainiens.

Il était devenu évident que l'Ukraine n'avait jamais complètement rompu avec le passé soviétique où, invisible mais omniprésente, la main de Moscou tirait les ficelles des marionnettes qu'elle installait jusqu'alors au pouvoir à Kiev.

Croyant avoir acquis son indépendance de la manière la plus pacifique qui soit, l'Ukraine est forcée de reconnaître le caractère illusoire de cette liberté. C'est aujourd'hui même que se joue l'avenir d'une Ukraine libre et indépendante.

En gagnant la bataille, l'Ukraine sortira de cette épreuve non seulement plus forte et plus unie, mais elle fermera définitivement la porte de l'ère soviétique, en déjouant les visées impérialistes de Vladimir Poutine.

Anna Jaillard
Journaliste

9. « Jamais plus nous ne serons des « Frères », ni par la Patrie, ni par la Mère ! »

« Nikogda my ne budem bratiami » : *Jamais plus nous ne serons des « Frères », sont les premières paroles d'un poème écrit en russe lors des évènements de Crimée et d'Ukraine orientale par une jeune Ukrainienne (vingt-trois ans) de Kiev, Anastassia Dmitrouk, en réponse à l'agression russe contre les Ukrainiens – un peuple souvent désigné comme « frère » par les Russes.*

Ce poème, mis en musique et arrangé par deux Lituaniens, Virgis Pupsys et Gintautas Litinskas, est chanté par eux et par Jeronimas Milius et Kestutis Nevulis. Il a suscité un énorme écho sur les réseaux sociaux ukrainiens et lituaniens, via YouTube :

«http://www.youtube.com/watch» v=yfetozC7F7Y http://v-n-zb.livejournal.com/6932933.html

En voici les paroles librement traduites en langue française :

Jamais plus nous ne serons des « Frères »,
Ni par la Patrie, ni par la Mère,
Il n'y a pas en vous l'aspiration à être libres,

Nous ne serons même pas des demi-frères.
Vous vous êtes vous-mêmes baptisés « nos aînés »,
Les cadets, c'est nous, mais pas nés de vous,
Vous êtes si nombreux, hélas, une masse,
Vous êtes gigantesques, nous sommes grands.
Vous continuez à nous mettre sous pression,
L'envie vous étouffe.
« Liberté » : un mot inconnu de vous,
Depuis l'enfance, vous êtes enchaînés.
Chez vous, « le silence est d'or »[1],
Chez nous, les cocktails Molotov s'enflamment,
Oui, nous avons un cœur à sang chaud,
Et vous, « nos parents »,
Pourquoi restez-vous aveugles ?
Nous, nous n'avons pas froid aux yeux,
Même sans armes, nous sommes dangereux,
Nous avons grandi et sommes devenus courageux,
Nous sommes tous dans la mire de vos snipers.
Les tortionnaires nous ont mis à genoux,
Nous nous sommes relevés pour nous rétablir,
Les rats peuvent se cacher et prier,
Dans le sang, ils vont se noyer.
Chez vous, on vous donne de nouveaux ordres,
Et chez nous, naît le feu de nouvelles insurrections,
Chez vous, règne le Tsar, chez nous,
la Démocratie. Jamais nous ne serons des « Frères » !

Source : *Les cahiers lituaniens*
in *Revue de presse France-Lituanie*, du 16. 4. 2014

---

1 Allusion à *La Valse des chercheurs d'or* du barde soviétique Alexandre Galitch où l'auteur stigmatise le silence des lâches et des arrivistes car « le silence est d'or ».

Postface

L'Europe à l'heure du choix

« *Je préfère la liberté avec le danger que la paix avec l'esclavage.* »

Jean-Jacques Rousseau

Cette figure de style empruntée au philosophe français des Lumières, Jean-Jacques Rousseau, me semble particulièrement adaptée au drame que subissent les Ukrainiens, confrontés à la brutale invasion de leur pays depuis une année.

Tragique mais indispensable rappel pour qui chérit la liberté collective, dont sont privés les Ukrainiens, non seulement depuis maintenant un an, mais bien depuis neuf années, depuis l'invasion partielle du Donbass et l'illégale annexion de la Crimée, en 2014.

Quand, le 24 février 2022, le président de la Fédération de Russie, Vladimir Poutine, décidait d'engager une partie de son armée dans sa sanglante « opération militaire spéciale » en Ukraine, peu d'experts ou d'analystes de la Russie, du monde post-soviétique et des relations internationales, avaient réellement anticipé les sombres et tragiques desseins du maître du Kremlin.

Pourtant, l'indispensable lecture de l'ouvrage « *Goodbye Poutine: Union européenne – Russie – Ukraine* » (2015), sous la direction de la politologue et criminologue Hélène Blanc, expert reconnu du monde slave, sonnait déjà comme un utile et sain avertissement de l'hubris poutinien.

En effet, ni les tentatives de déstabilisation « hybrides » en Estonie, en 2007, ni la guerre éclair en Géorgie, à l'été 2008, et encore moins, les annexions illégales d'une partie du Donbass et de la Crimée en mars 2014, n'auront, hélas, permis de mettre fin à la cécité occidentale quant aux ambitions expansionnistes du Kremlin.

Un an après le début de cette guerre qui a ravagé l'Ukraine et changé irrémédiablement à la fois le destin de quelque 40 millions d'Ukrainiens et des 450 millions d'Européens que nous sommes, la lecture de ce nouvel opus, sous la direction engagée et la plume incisive d'Hélène Blanc et de ses co-auteurs – choisis parmi les meilleurs analystes, universitaires, militaires, politologues, historiens de ce conflit – permet une compréhension pédagogique, multidimensionnelle et objective de cette absurde tragédie qui aura fait, de 2014 à 2023, plusieurs centaines de milliers de victimes, militaires et civiles.

La sémantique doit, ici, être implacablement rappelée et ce, avec insistance : il s'agit bien d'une guerre brutale que rien, ni personne, ne saurait légitimer. Celle-ci, menée et imposée par Moscou, *de facto* et *de jure*, en contradiction absolue avec les principes qui sous-tendent le multilatéralisme, pilier – certes fragile mais indispensable – à la bonne marche du monde, depuis le 24 octobre 1945, date de la création de la Charte de San Francisco, donnant naissance à l'Organisation des Nations Unies (ONU).

Ce qui était présenté comme une terrible prémonition en 2013-2014, à la lumière notamment de la révolution de la place Maïdan de Kyïv (Kiev), parfaitement dépeinte, du reste, dans les pages du précédent ouvrage collectif sous la férule d'Hélène Blanc, revêt dans ce nouveau « *Goodbye Poutine* » une ardente obligation quant à la prise de conscience que, ce qui se joue en Ukraine impactera durablement le continent européen. Elle interroge également, en profondeur, les valeurs qui fondent une certaine idée de la « communauté internationale ».

Qu'il s'agisse d'une certaine forme de « *kremlinophilie* » qui a pu séduire certains intellectuels, remontant à la Guerre froide mais qui s'est muée, depuis une vingtaine d'années, en une coupable « *poutinophilie* » à l'aune d'un anti-américanisme récurrent au sein d'une partie de l'intelligentsia parisienne, il n'en demeure pas moins – comme l'indiquent avec justesse et finesse, les co-auteurs –, qu'il conviendrait, enfin, de choisir son camp : celui de la vérité, de la liberté, de la démocratie.

Il ne devrait, pourtant, pas y avoir à hésiter face aux deux choix offerts par des dialectiques diamétralement opposées.

D'un côté, une vérité « alternative » vue de Moscou, caractérisée par un obscurantisme caricatural, drapé dans un messianisme mortifère que la dialectique « poutinienne » ne cesse de prôner pour soi-disant « légitimer » une indicible, cruelle et « fausse » réalité, construite de toutes pièces. De l'autre, une « vraie » réalité savamment relayée, brillamment médiatisée et décryptée de manière collective et solidaire, avec une juste acuité, par les principales chancelleries européennes et les capitales occidentales.

En somme, il ne s'agit que de faire la part des faits entre vérité et mensonge, tout en se méfiant de l'instrumentalisation de ceux-ci, qui se conjuguent, désormais, à l'aune de la volatilité hybride de tous les conflits d'aujourd'hui.

Cet indispensable ouvrage collectif ne cesse, ainsi, de rappeler, avec acuité et précision, les raisons objectives pour lesquelles les 27 membres de l'Union européenne (UE), les 30 membres – aujourd'hui – et 32 – demain – de l'Alliance atlantique (OTAN) ainsi que 141 pays sur 193 pays siégeant au sein de l'Organisation des Nations Unies (ONU) ont clairement apporté leur soutien à l'Ukraine, en dénonçant le crime d'agression commis par la Russie, et bien évidemment, en relevant les nombreuses exactions, crimes de guerres et crimes contre l'humanité dont la Russie s'est rendue coupable, comme semble l'indiquer la Cour Pénale Internationale (CPI) et l'éventuel tribunal pénal international *ad hoc* qu'appelle de ses vœux, avec une légitimité insistante, le président ukrainien Volodymyr Zelensky.

Il convient ainsi de rappeler régulièrement que c'est bien l'Ukraine qui est victime d'une évidente agression militaire qui a vu Kyïv perdre près de 125 000 km^2 – soit entre 18 et 22 % de son territoire, pourtant internationalement reconnu depuis l'indépendance de cet état, le 24 août 1991 et ce, d'avril 2014 (date de la première guerre du Donbass) au 24 févier 2022, date de l'invasion militaire par les armées russes.

L'on ne cessera, également, d'insister sur le nouveau paradigme stratégique que, désormais, un an de guerre en Ukraine n'aura, *in fine*, que contribuer à mettre davantage en exergue. À savoir que la relative pusillanimité de l'UE n'est plus tenable. Il en va, ainsi, non seulement de la recherche effrénée d'une paix juste, sans compromis ni compromission, au profit et non aux dépens des Ukrainiens, mais aussi et surtout d'une « Architecture de paix, de sécurité et de confiance » d'un espace européen élargi, qui se conjugue davantage à 44 pays, par le truchement de la Communauté politique européenne, qu'aux seuls 27 états-membres de l'UE.

De ce point de vue, la Communauté politique européenne (CEP), portée sur les fonts baptismaux lors du Sommet de Prague, en octobre dernier, à l'initiative française, offre toutes les garanties innovantes d'une Europe qui se pense de manière autonome, stratégique et pérenne. Le prochain Sommet, prévu au printemps prochain, à Chisinau (Kichinev), en Moldavie, pourrait ainsi dresser les bases d'une « Europe puissance » pouvant faire face – unie et renforcée, tant diplomatiquement que militairement – à une Russie, avec ou sans Poutine. Une Fédération de Russie de toute manière affaiblie et éreintée par une campagne militaire, vraisemblablement mal préparée, dont l'échec manifeste impactera – explicitement ou implicitement – un pays, désormais en proie au doute quant à sa puissance militaire, diplomatique, culturelle et économique réelle.

Il s'agit là d'une ligne de crête, que les co-auteurs de cet ouvrage évoquent, chacun à leur manière selon leurs champs d'expertise respectifs, pour – enfin – consolider cette autonomie stratégique européenne, que la guerre en Ukraine, aura révélée et sensiblement permis d'accélérer.

Au-delà des différences d'approches épistémologiques de chacun et, singulièrement de votre serviteur, la lecture édifiante de notre ouvrage ne pourra désormais plus laisser place au doute face à la désinformation du Kremlin. Grâce aux relais de Moscou, qui ont endormi les pouvoirs publics et les opinions française et européenne depuis les années 2000, beaucoup d'entre nous n'ont pas vu venir cette tragédie. Pourtant, le discours du locataire du Kremlin, en février 2007, à la Conférence de sécurité de Munich (*Wehrkunde*), avait déjà de quoi nous inquiéter alors, quant aux desseins hégémoniques, néo-impériaux et clairement anti-occidentaux de ce dernier.

La prise de conscience de la dangerosité du discours revanchard du Kremlin est, d'une certaine manière clairement établie avec la guerre menée en Ukraine. La légitimation, largement biaisée, de Vladimir Poutine, par le truchement de ses actes belliqueux clairement caractérisés sur le sol ukrainien, depuis le 24 février 2022, est, heureusement et désormais très largement décryptée par les opinions publiques française, européenne et occidentale.

Cette « *loi d'airain* » quant à la distinction entre « agressé » et « agresseur » qui porte l'entière responsabilité du conflit demeure universellement partagée. La question essentielle que cet ouvrage pose, doit aussi se lire en filigrane. En bref, sur qui et sur quoi peut réellement s'appuyer une Russie coupable. Et que caractérise une remise en cause certaine et cadencée de l'équilibre des relations internationales depuis 1945, à partir de 1991 et depuis 2001. Un « basculement » du monde de l'espace euro-atlantique occidental et septentrional, vers l'émergence d'une nouvelle centralité stratégique située entre la zone eurasienne et l'Indopacifique. La question, peut, d'évidence, se poser pour nous également, face à la Russie, aujourd'hui ; l'Iran, demain, la Chine après-demain ?

De cette lancinante question dépendra, aussi l'avenir d'un monde, aux contours changeants, une fois, la paix – enfin – revenue en Ukraine.

Ainsi, à la lumière de l'éclairante pédagogie que cet ouvrage permet d'introduire dans le débat d'idées, plus aucuns doutes ne subsisteront pour mieux saisir ce qui se joue, depuis 365 jours, en Ukraine, prise en tenaille entre un destin politico-sécuritaire manifestement européen et une ethnologie géographiquement et historiquement slave...

Emmanuel Dupuy
Président de l'Institut Prospective et Sécurité en Europe (IPSE),
Chargé d'enseignement en géopolitique à l'Université Catholique de Lille et à l'Institut Supérieur de Gestion (Paris, Strasbourg).

Remerciements

Je n'ai pas de mots assez forts pour remercier les contributeurs de cet ouvrage collectif d'avoir accepté de se lancer dans cette aventure. Que ces personnalités incontestables, reconnues de longue date, aux talents et compétences solidement établis, trouvent ici l'expression de ma gratitude.

Merci également à tous ceux qui ont autorisé la reproduction de ces articles ainsi qu'à Monsieur Cyrille Clément pour la photo de couverture.

Hélène Blanc

Achevé d'imprimer en février 2023
sur les presses de la Source d'Or
58500 Clamecy
Dépôt légal : février 2023
N° d'impression : 302391

Imprimé en France

GOODBYE P

Du KGB aux Crim

« *L'Ukraine*, écrivait déjà Voltaire, *a*

24 février 2022. La Russie envahit l'Ukraine.

Cette agression n'était-elle pas prévisible ?

Malgré des signaux évidents, frappé de cécité, volontaire ou non, le monde refusait la réalité. L'autocrate Vladimir Poutine poursuit son obsession : rétablir à la fois l'Empire russe et l'Union soviétique.

Depuis près de quinze ans les avertissements de nombreux Russes clairvoyants ou d'observateurs avisés étaient restés lettre morte. Et les précédentes opérations néo-impérialistes du Kremlin (Géorgie, Ukraine, Syrie) n'avaient pas réussi à guérir l'aveuglement des leaders occidentaux. Aujourd'hui, ils ont enfin réalisé à quel point la Russie est devenue dangereuse pour le monde libre.

Sous la direction de la politologue Hélène Blanc, les regards croisés de vingt-sept des meilleurs experts de l'Union européenne, de la Russie et de l'Ukraine décryptent la crise la plus grave qu'ait connue l'Europe depuis la Deuxième Guerre mondiale. Leurs éclairages pluriels sont précieux pour notre avenir commun.

Ce livre-évènement permet de mieux comprendre les objectifs, les enjeux réels de cette guerre et de tordre le cou à une désinformation savamment distillée par le Kremlin et ses relais.

Cette fois, malgré son double jeu et son double langage, le masque de Poutine est tombé. Définitivement !

Goodbye Poutine !

ISBN : 978 2 84679 520 3

GINKGOéditeur

www.ginkgo-editeur.com

Prix : 18 €

9 782846 795203